Parmaschinken & Co.

ECON Gourmet Bibliothek

Jürgen Löbel

Parmaschinken & Co.

ETB
ECON Taschenbuch Verlag

Bildnachweis:
Italienisches Institut für Außenhandel, Düsseldorf (6);
Sopexa (Förderungsgemeinschaft für französische
Landwirtschaftserzeugnisse), Düsseldorf (7);
Firma Johannes Schön, Preetz/Holstein (2; Atelier Weinmann);
Firma Hans Adler, Bonndorf/Hochschwarzwald (1).

Autor und Verlag bedanken sich für die freundliche
Unterstützung bei der Bildbeschaffung.

CIP-Titelaufnahme der Deutschen Bibliothek

Löbel, Jürgen:
Parmaschinken & [und] Co./Jürgen Löbel. – Orig.-Ausg. –
Düsseldorf: ECON Taschenbuch Verl., 1989
(ETB; 24017: ECON Gourmet Bibliothek)
ISBN 3-612-24017-X
NE: GT

Originalausgabe

©ECON Taschenbuch Verlag GmbH, Düsseldorf
April 1989
Umschlaggestaltung: Ludwig Kaiser
Titelfoto: Johannes Sussbauer; Realisation: Ludwig Kaiser
Rückseitenfoto: Axel Ruske
Zeichnungen: Karola Niehoff
Lektorat/Konzeption: Dr. Peter Lempert
Die Ratschläge in diesem Buch sind vom Autor und Verlag
sorgfältig erwogen und geprüft, dennoch kann eine Garantie
nicht übernommen werden. Eine Haftung des Autors bzw. des
Verlags und seiner Beauftragten für Personen-, Sach- und
Vermögensschäden ist ausgeschlossen.
Satz: Dörlemann-Satz, Lemförde
Druck und Bindearbeiten: Ebner Ulm
Printed in Germany
ISBN 3-612-24017-X

Inhalt

Hans-Peter Wodarz über Parmaschinken & Co.   9

Es muß nicht immer Billigschinken sein!   11

*Unterschale und Nuß –
Was ist eigentlich Schinken?*   11
Schinkenarten – Pökeln, Lufttrocknen oder Räuchern?   14
   Nuß, Unterschale, Oberschale ...   15
   Schinken und Klima – Nicht nur für Meteorologen   15
   Kochschinken wird pochiert   16
Etymologisches vom Schinken   16

Schinken von der grauen Vorzeit bis zu unserem Jahrhundert   18

Die Schinkengourmets in Griechenland und Rom   18
   Ein römisches Rezept   20
   Schinken im späten Rom   20

Das finstere Schinken-Mittelalter 21
Die Neuzeit: Schinken nur für Reiche 23

Schinken der Welt 26

Exotisches und Benachbartes 26
Italien: I prosciutti italiani 30
Deutschland, deine Schinken 32
La France – Landschinken, Schinken des Landes 34

Die Könige unter den Schinken 38

Parmaschinken: Das Fleisch, das Salz und der Wind 38
San Daniele – Wo sich die Winde treffen 42
San Leo und La Ghianda – Die Geheimtips 46
Westfälischer Schinken –
Früher weltberühmt, und heute? 47
Holsteiner Katenschinken –
Meerumtost und geräuchert 50
Schwarzwälder Schinken – Tannengereift 52
Ammerländer Schinken – Unter dem Reetdach 54

Grundzüge und Hintergründe der Schinkenherstellung 57

Schweinerassen, ihre Fütterung und Haltung 58
Die Schlachtung und das Fleisch 59
Pökeln und Salzen 61

Reifung durch Lufttrocknen 66
Räuchern: Kalt, warm oder heiß 68
Gekochter Schinken – Nicht gekocht 71

Biologisches vom Schinken und etwas Chemie 72

Mikroorganismen zur Aromaverfeinerung 72
Innereien im Schinken 74
Zur Frage: Nitritpökeln und Nitrosamine 78

Der Schinken-Knigge 80

Alles über Aufschneiderei 80
Wie Schinken aufbewahrt wird 82
Schimmel auf dem kostbaren Stück – Was tun? 84
Schinken genießen – Ohne Reue, mit Horaz 86
Schinken testen 88
Der Schinken in der Küche 90

Anhang
Schinkenhersteller und Bezugsadressen 92

Glossar 103

HANS-PETER WODARZ
über
Parmaschinken & Co.

*F*reimütig gestehe ich, daß ich Schweinefleisch nicht sehr mag. Und auch in der kreativen großen Küche findet das Schwein kaum Verwendung. Meine Sympathien gehören nun einmal den Enten, die nicht nur gut schmekken, sondern auch lecker aussehen und bei allen, die ihnen zuschauen, für gute Laune sorgen. Man stelle sich vor, ich hätte mein Restaurant nicht »Die Ente vom Lehel« genannt, sondern »Das Schwein von Wiesbaden« – unmöglich, nicht wahr? Ich hätte einen Lacher erzielt, sicher, aber niemand würde erwarten, an einem solch kuriosen Ort elegant und erstklassig dinieren zu können.

Es gibt nur eine Ausnahme, bei der ich in der Küche »Schwein habe«: Sie heißt Schinken aus Parma, San Daniele, aus dem französischen Jura, aus den Ardennen, aus Bayonne, aus Holstein und dem Münsterland. In dieser Reihenfolge. Besonders die Italiener in der Po-Ebene haben ein unerhört einfaches und dabei raffiniertes Verfahren ersonnen, dem Schinken einen so feinen Geschmack und eine so seidige Konsistenz zu geben, daß man alles mögliche zu schmecken glaubt, nur nichts Schweinernes.

Die Tradition auf der Apenninen-Halbinsel ist – was den

erstklassigen Schinken angeht – uralt, und es zeigt sich dabei, daß gute Traditionen durch nichts zu ersetzen sind. Erst kürzlich sah ich in dem wunderschönen Buch »Die Alessi-Küche« jahrhundertealte Steingutformen. In diese werden die Hinterbacken der Schweine eingelegt, damit sie im Laufe eines ausgeklügelten Verarbeitungs- und Reifungsprozesses zu dem subtilen Genuß werden, den der Parmaschinken vermittelt. Bis auf den heutigen Tag hat sich daran wenig geändert. Um so erfreulicher finde ich, daß man überall in der zivilisierten Welt solche feinen Sachen kaufen kann.

Alle anderen Erzeugergebiete tun sich ein wenig schwer, mit dem einzigartigen Ruf der italienischen First-Class-Schinken zu konkurrieren, dabei brauchen sie sich mit ihrer Qualität nicht zu verstecken. Zumeist sind sie kräftiger im Geschmack und anders geformt. Aber der Verbraucher hat die freie Auswahl, unterschiedliche Geschmackspräferenzen sind gleichberechtigt, was alle diejenigen, die die Abwechslung lieben, nur begrüßen können.

Mit erstklassigen Schinken läßt sich in der Großen Küche zaubern. Ich erinnere mich an eine wundervolle Mousse au Jambon im besten Bistro der Welt, im »Comme chez Soi« zu Brüssel. Gualtiero Marchesi in Mailand allerdings verdanke ich ein unerhört aufregendes Rezept: Scampis in Parmascheiben gewickelt, in der Pfanne sautiert, mit einer leichten Limettensauce nappiert. Das ist ganz einfach und sehr gut. So soll es sein.

Es muß nicht immer Billigschinken sein!

Bücher über Wein könnten ganze Schränke füllen, und über Kaviar sind sich die Connaisseurs immerhin einig, daß der Beluga und der Ossetra die besten sind. Aber wer redet schon über Schinken, geschweige, wer schreibt darüber!

Dabei zählt dieses uralte Genußmittel zu den edelsten Produkten der Tierzucht. So wie Feuer und Blume eines Weines vom Boden, vom Klima, von der Rebsorte und dem Keltern abhängen, so prägen Futter, Schweinerasse, Haltungs- und Schlachtbedingungen sowie Klima und Mikrobiologie den Duft und Geschmack, die Farbe und geschmeidige Festigkeit eines Schinkens. Die Gourmets seien daher aufgerufen, eine Kultur des Schinkens zu entwickeln und die Sorten zu kosten. Es wird sich lohnen!

Unterschale und Nuß – Was ist eigentlich Schinken?

Nicht nur die Hinterkeule des Schweins wird als »Schinken« bezeichnet, gekochten Schinken stellt man auch aus der Schweineschulter her. Dieser Schinken heißt daher auch Vorderschinken. Lachsschinken stammt weder von den Hinter- noch den Vorderkeulen, sondern aus dem mageren Kotelettstrang.

Auch ist das Schwein nicht der einzige Schinken-»Lieferant«. Aus dem Fleisch von Rindern und Lämmern werden ebenfalls »Schinken« hergestellt. Zu den Raritäten gar zählen Wildschwein-, Hirsch-, Reh- und Rentierschinken. Noch ausgefallener sind Bären-, Elch-, Gemsen-, Mufflon- oder gar Löwen- und Antilopenschinken. Auch aus den Hinterkeulen von Hammeln und sogar Ziegen lassen sich Schinken herstellen. Allerdings muß man das strengschmeckende Fett gleich nach dem Schlachten abschneiden; solche Schinken findet man noch in der Türkei, in Nordafrika und auf Sardinien oder Korsika. Bei Schinken vom Rind nimmt man die Keule oder das Falsche Filet. Es wird gepökelt und dann kaltgeräuchert oder luftgetrocknet. Der Knochen wird aber vorher herausgelöst.

Zweifellos denkt man aber zuerst an die geräucherte oder luftgetrocknete Hinterkeule des Schweines, wenn das Wort »Schinken« fällt. Diesen – übrigens edelsten – Teil des Schweines wollen wir jetzt näher betrachten.

Ein Schinken mit Eisbein eines mehr als 90 Kilogramm schweren Jungschweines besteht zu fast zwei Dritteln aus Fleisch. In der Sprache des Metzgers ausgedrückt, müßte man Schinken so definieren: Schinken besteht aus Teilen der Oberschenkel-, Hüft-, Kniegelenk- sowie auch Unterschenkelmuskulatur. Die nur aus der Hüfte stammenden Teile nennt man *Schinkenspeck,* der Hauptteil des Unterschenkels heißt *Eisbein.* In früheren Zeiten wurde auch das Eisbein in die Schinkenherstellung einbezogen. Aber auch ohne Eisbein ist die Keule gut 5 Kilogramm schwer. Rohschinken wird immer aus der ganzen Keule gefertigt. Im Anschnitt kann man die *Nuß* sowie die *Ober-* und *Unterschale* gut sehen. Werden Ober- und Unterschale zusammen ausgelöst, so heißt dieses Stück *Papenstück*. Die Pfaffen wußten schon immer, was gut ist.

Hinterkeule des Schweins

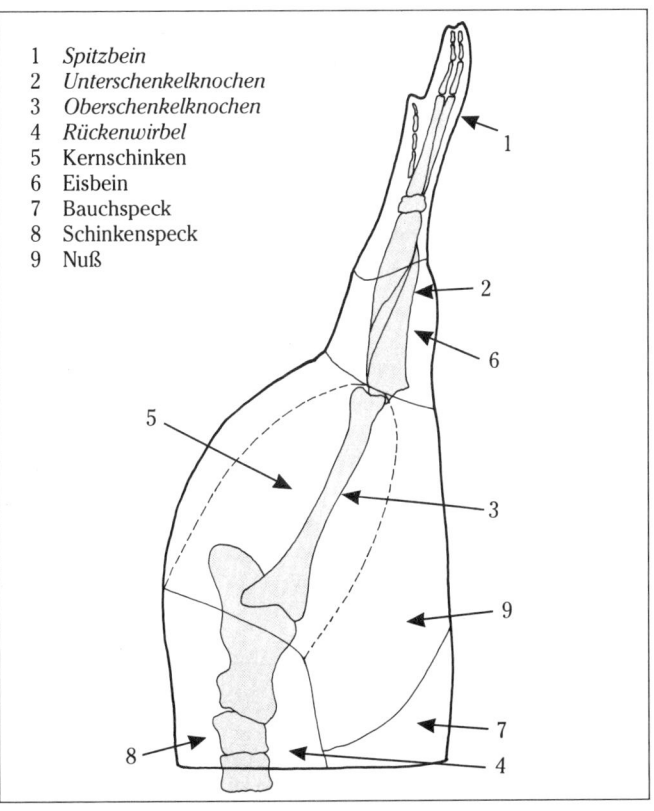

1 *Spitzbein*
2 *Unterschenkelknochen*
3 *Oberschenkelknochen*
4 *Rückenwirbel*
5 Kernschinken
6 Eisbein
7 Bauchspeck
8 Schinkenspeck
9 Nuß

Ein vollständiger Schinken im Anschnitt

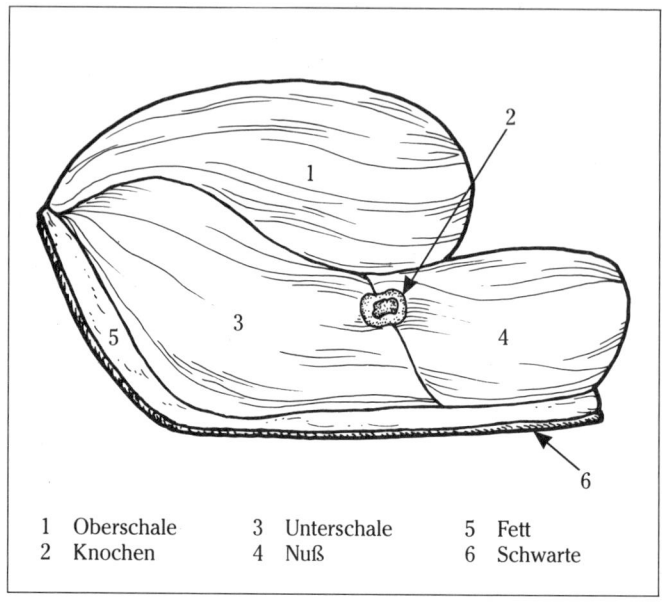

1 Oberschale 3 Unterschale 5 Fett
2 Knochen 4 Nuß 6 Schwarte

Schinkenarten – Pökeln, Lufttrocknen oder Räuchern?

Jeder Gourmet dürfte sich im Gedenken seiner kulinarischen Lehrjahre des labbrigen, aromalosen und salzigen Aufschnitts von geräuchertem Schinken erinnern. Von dieser lieblosen, im Schnellverfahren hergestellten Beleidigung der Zunge wird im folgenden natürlich nicht die Rede sein, sondern das Augenmerk gilt allein dem schonend und langwierig hergestellten luftgetrockneten oder geräucherten Rohschinken, der ganz in den Handel kommt und sachkundig vom Metzger oder Feinkosthändler aufgeschnitten wird.

Leider hat es sich eingebürgert, Schinken nach dem Pökeln bzw. Salzen in Teile zu zerlegen (siehe Grafik) und dann zu räuchern. So gibt es also *Nußschinken*, Schinken aus der zusammengerollten gebundenen Oberschale (sogenannter *Rollschinken*) und *Schinkenspeck* aus der Hüfte.

Nuß, Unterschale, Oberschale ...
Ein ganzer Schinken besteht aus Nuß, Unterschale, Oberschale, Speckschicht, Schwarte und dem Röhrenknochen. Da aber die Reifung von Schinken mit dem Knochen (sogenannter *Knochenschinken*) eine diffizile Angelegenheit ist, jedenfalls unter bestimmten Klimabedingungen, wird der Knochen häufig herausgelöst. Dies geschieht vor oder nach dem Pökeln oder nach der Reifezeit. Knochenschinken werden daher kaum in milden oder trockenen Klimagebieten produziert. Die Küsten der gemäßigten Klimazonen, Berggebiete ohne häufige Hochnebel oder Täler mit Fallwinden bieten gute klimatische Voraussetzungen für die Herstellung von Schinken.

Schinken und Klima – Nicht nur für Meteorologen
Für luftgetrocknete Schinken benötigt man kräftige Winde mit gleichmäßiger Temperatur. Da fallen Skandinavien und der Kongo beispielsweise als Erzeugerländer schon einmal aus! Viel Zeit gehört ohnehin dazu. Land-See-Winde und Berg-Tal-Winde sind die idealen Gefährten für den Schinken. In Gebieten mit hoher Luftfeuchte, wie an der

Nordseeküste, hat man schon vor mehr als 1000 Jahren erkannt, daß die Schinken zusätzlich zur Pökelung oder Salzung durch Räuchern konserviert werden können.

Vereinfachend kann man sagen, daß in den »germanischen« Ländern der geräucherte Schinken, in den »romanischen« Ländern der luftgetrocknete bevorzugt wird. Zu den Luftgetrockneten gehören die italienischen Parma- und San-Daniele-, die französischen Bayonne-, die deutschen Alemannen- und die spanischen Serrano-Schinken.

Geräucherte Rohschinken, zu denen die meisten deutschen zählen, werden sowohl mit Laub- als auch Nadelholzrauch hergestellt. Bekannt sind Westfälischer, Holsteiner, Schwarzwälder und Ardenner Schinken.

Kochschinken wird pochiert
Noch ein Wort zum gekochten Schinken: Dieser wird nicht eigentlich gekocht, also bei 100 Grad Celsius gegart, sondern pochiert, damit er nicht zu stark auslaugt. Gekochter Schinken wird nach dem Schlachten wie Rohschinken behandelt, jedoch nach dem Pökeln nicht geräuchert, sondern eben pochiert. Es gibt ihn ganz als Knochenschinken und in entbeinter Form. Das am Knochen gegarte Fleisch schmeckt vorzüglich, und man sollte sich den Kochschinken auch so aufschneiden lassen. Zu den gekochten Knochenschinken gehört der Prager Schinken.

Etymologisches vom Schinken

Das Wort »Schinken« stammt aus dem germanischen Sprachraum und war zeitweilig gleichbedeutend mit »Schenkel«. Im Mittelhochdeutschen bedeutete »schinke« Schenkel oder Schinken, althochdeutsch war »scincho« oder »scincha« der Schenkel, im Altfriesischen sagte man für Bein/Schenkel/Schinken »skunka«. Im Schwäbisch-Alemannischen heißt es »Schunke«.

Mit »Knochen im Fleisch« kann man das niederländische »schenkel« (oder »schonk«) übersetzen. Die alten Angelsachsen sagten »sčeǫnca«, während es heute in England »shank« heißt. (Allerdings ist »ham« weitaus gebräuchlicher.) Die Dänen sagen »skank« und die Schweden »skånk«. Der gemeinsame Ursprung und die Sprachverwandtschaft sind unverkennbar.

Schinken ist ein uraltes Genußmittel und zählt zu den edelsten Naturprodukten. Er stammt meistens von der Hinterkeule des Schweines. Schinken wird luftgetrocknet, geräuchert oder »gekocht« produziert.

Schinken von der grauen Vorzeit bis zu unserem Jahrhundert

Die Menschheit kennt das Hausschwein als Nahrungsmittel seit mindestens 10000 Jahren. Aus China ist ein 7000 Jahre altes Rezept über ein in einer Erdgrube gebackenes Spanferkel bekannt. Und bei den alten Römern, die als die ersten wirklichen Schlemmer gelten, waren in der Kaiserzeit gebratene Spanferkel oder Schweine sehr beliebt, die eine Füllung aus kleinen Vögeln (Drosseln, Schnepfen, Fettammern u.a.), Schalentieren und Muscheln enthielten. Sozusagen »Trojanische Schweine« für die Römer!

Auch in den alten Kulturen in Mesopotamien, Ägypten und China wurde das Schwein als Haustier gehalten. Jedoch weiß man nichts über die Verwendung und Konservierung der einzelnen Schlachtteile. Es ist aber zu vermuten, daß man das Fleisch schon in der Steinzeit zur Konservierung eingesalzen und dann luftgetrocknet hat.

Die Schinkengourmets in Griechenland und Rom

Die ersten Berichte über die Herstellung von Schinken in historischer Zeit stammen von einem Griechen. Im 2. Jahrhundert v. Chr. schrieb der Historiker Polybios, daß im Norden des heutigen Italien große Schweineherden gehalten wurden, deren Fleisch man einsalzte und in alle Richtungen verkaufte.

Aber schon in früheren Jahrhunderten muß die Herstellungsmethode so entwickelt gewesen sein, daß um 500 v. Chr. ein unbekannter Dichter in seiner Parodie auf das Heldenepos von seiner »mehlleckenden Mutter, der Tochter des schinkenschmausenden Königs«, berichten konnte. Und er träumt von den »Semmelbroten im Körbchen, Fladen von Safran und Käse, Schinkenscheiben und gebratener Leber«.

Um 170 v. Chr. beschreibt der römische Staatsmann Marcus Porcius Cato in seiner Schrift über Landwirtschaft, »De Re Rustica«, wie Schinken zugeschnitten, gesalzen und 17 Tage in Fässern oder Terrakottabehältern gelagert wurde. Nach dem Salzen sollen die Schinken zwei Tage an der Luft getrocknet werden. Danach empfiehlt Cato: »Am dritten Tag reinigst du sie sorgfältig mit einem Schwamm und reibst sie mit Öl ein. Zwei Tage lang hängst du sie zum Räuchern auf. Am dritten Tag nimmst du sie herunter. Reibe sie mit Öl und Essig ein, hänge sie im Vorratsraum auf. Weder Würmer noch Maden können ihnen etwas anhaben.«

In den römischen Göttersagen wählte sich die Göttin der Liebe, Venus, auf ihrer Fahrt zum Rat der Götter den Meister Schinken in ihr Gefolge. Vielleicht galt Schinken damals als Aphrodisiakum?

Auch nach der Zeitenwende war Schinken noch lange ein begehrter Artikel. Der Jurist und Dichter Marcus Valerius Martial erwähnt in seinen Epigrammen mehrmals den

Schinken als Bestandteil eines Mahles mit mehreren Gängen. Leider sagt er nicht, ob er roh, gekocht oder irgendwie anders zubereitet war.

Ein römisches Rezept
Der Schriftsteller Marcus Gavius Apicius gibt ein köstliches Rezept für Schinken in der Kruste an: »Den ganzen Schinken zusammen mit getrockneten Feigen und Lorbeerblättern kochen, die Schwarte abschneiden und in das Fleisch würfelförmige Vertiefungen schneiden und diese mit Honig füllen. Den Schinken unverzüglich mit einem Teig aus Mehl und Öl umhüllen und ihn im Ofen backen. Den Schinken aus dem Teig befreien und servieren.«

Für Feinschmecker, die dieses Rezept nachkochen möchten, folgender Hinweis zur Zubereitung: Man besorge sich vom Metzger einen gepökelten Hinterschinken und frage ihn unter Angabe des Rezeptes, wie lange er gewässert werden muß. Die Zugabe von Pökelsalz hängt vom Gewicht des Schinkens ab.

Schinken im späten Rom
Bei den Römern waren die Schweinefleisch-Metzger unterteilt in die Gruppe der »salsamentarii«, die eingesalzenes Fleisch, also auch Schinken, verkauften, und in die »botularii«, wie die Wurstverkäufer genannt wurden. Noch lange nach der römischen Besetzung hat sich diese Einteilung der Metzger in solche, die rohes und gepökeltes, dann geräuchertes oder getrocknetes Fleisch und Dauerwurst verkauften, und in andere, die gekochtes Fleisch und Kochwurst anboten, in vielen Ländern gehalten; und sie ist aus hygienischen und sensorischen Gründen auch heute noch sinnvoll.

Über das Einsalzen von Fleisch liest man in der »Geoponica IXX, 9« von Didymus: »Es hält sich lange frisch, wenn es gut gereinigt, abgekühlt und abgetrocknet ist. Es soll an einem schattigen und kühlen Ort aufgehängt werden, wo der Nordwind, nicht aber der Südwind weht. Jenen Tieren, deren Fleisch man einsalzen will, soll man einen Tag vor der Schlachtung nichts zu essen und zu trinken geben. Will man das Fleisch einsalzen, so muß man es von den Knochen lösen. Auch ist das geröstete Salz besser zum Einsalzen (als das unbehandelte, mit organischen Verbindungen und Mikroorganismen verseuchte Meersalz; der Verf.). Das Geschirr, in welches man das eingesalzene Fleisch einlegt, wird zuvor mit Öl und Essig bestrichen.«

Man sieht, viele technische Kniffe und Kenntnisse in der Hygiene waren schon damals bekannt.

Diokletian erließ im Jahr 301 n.Chr. eine Preisverordnung, in der geräucherter Rohschinken (»perna fumosa«) und luftgetrockneter Rohschinken (»petaso«) erwähnt werden. Zu dieser Zeit wurden auch schon Rohschinken aus dem französischen Zentralmassiv, dem übrigen Gallien, aus Belgien, Nordspanien und weiteren römischen Provinzen, in denen Schweineherden gehalten wurden und zur Schinkenherstellung geeignete Klimabedingungen bestanden, nach Rom verkauft.

Das finstere Schinken-Mittelalter

Offenbar haben die Germanen, die Kelten und andere Stämme schon vor der Völkerwanderung von den Römern gelernt, wie man Fleisch pökelt. Jedenfalls bevorzugten die mitteleuropäischen Völker damals wie heute geräucherten vor dem luftgetrockneten Schinken. Diese Art der Konservierung war wohl auch eine klimatische Notwendigkeit.

Der Niedergang der allgemeinen Hygienekultur im Mittelalter wirkte sich natürlich auch in der Herstellung von derart empfindlichen Produkten wie Schinken aus. Noch im frühen Mittelalter besaßen viele Bauernhöfe ein »lardarium«, eine Pökel- und Räucherkammer, in denen man einen Teil des geschlachteten Schweinefleisches konservieren konnte. Von Karl dem Großen stammt eine Verordnung, in der genaue Vorschriften zur Herstellung von Schinken und anderen Pökelwaren enthalten waren.

Für das Hoch- und Spätmittelalter gibt es kaum schriftliche Belege dafür, daß Schinken in der Küche der Genießer eine Rolle spielte. Das Schwein war allerdings weiterhin neben dem Huhn der Hauptlieferant für Fleisch. In dieser Zeit genossen die Schweine nicht so eine ausgeklügelte Mast wie heute. Man ließ sie weitgehend frei ihr Futter selbst suchen, meist im Wald, aber auch in den Städten. Die Wälder waren über Jahrhunderte praktisch frei von Unterholz und Kräutern. Man schätzt, daß pro Schwein 1 bis 1,5 Hektar Wald zur Ernährung erforderlich war. Jedenfalls muß die Schinkenqualität angesichts einer Kost aus Eicheln, Bucheckern, Nüssen, Kräutern und Pilzen ausgezeichnet gewesen sein.

Vom italienischen San-Daniele-Schinken wird berichtet, daß er schon in der Renaissance als Geschenk bei diplomatischen Empfängen und der Besiegelung von Verträgen gedient hat. Offenbar wußte man ihn sehr zu schätzen, und sicher war er auch ein wichtiges Hilfsmittel bei der Bestechung der Bürokratien Venedigs oder Trients.

Die Neuzeit: Schinken nur für Reiche

Vom 17. Jahrhundert an spielte das Schwein für die Massenernährung keine so große Rolle wie im Mittelalter, weil sein Futter zu teuer geworden war. Schinken war zu dieser Zeit eine edle Speise der Reichen; er hatte sogar Wild und Geflügel von der kulinarischen Hitliste auf die Plätze verdrängt. Die anderen Schlachtteile des Schweins beachtete man gar nicht, sondern überließ sie den mittleren Ständen. Für das gemeine Volk war Schweinefleisch zu teuer. Da zudem die Salzpreise in manchen Ländern sehr hoch waren, hatte Schinken einen stolzen Preis.

Roher Schinken war zwar in Italien und im Deutschen Reich schon früh bekannt, aber in Frankreich stand er lange nicht in der Gunst der barocken Feinschmecker. Erst Lieselotte von der Pfalz, die spätere Schwägerin von Ludwig XIV., und Herzogin Elisabeth Charlotte von Orléans sollen den rohen Schinken in die höfische Szene Frankreichs eingeführt haben. Sie schreibt 1718 an einen deutschen Freund: »Ich habe hir auch den rohen schincken in mode gebracht, undt viel von unßern teutschen eßen, alß sawer- und süßkraudt, sallat mit speck, braunen kohl, auch wiltbrett, das habe ich alles à la mode gebracht, undt pfannenkuchen mit bücking, dem gutten seel. König hatte ich duß eßen gelehrnt, er aß es hertzlich gern.« Ein Hinweis: Die eigenwillige Dame hat die mittelalterliche Orthographie in einer Laune selbst erfunden!

Das ausgehende Mittelalter und vor allem die Barockzeit schwelgten in der Beschreibung von Freßorgien, und das Publikum der Schriftsteller ergötzte sich an den Mengen, die Spitzenfresser und -säufer in ihre aufgedunsenen Wänste zwängten. Der Schriftsteller E. W. Happel beschreibt 1690 in seinem »Akademischen Roman« einen studentischen Freßsack, dem eine große Schüssel Salat und ein ganzer geräucherter Schinken vorgesetzt wurden, nachdem er schon 5 Pfund Rindfleisch und 3 Pfund Brot sowie einen Truthahn verkostet hatte. Den Salat und den ganzen Schinken fraß er in weniger als einer Viertelstunde auf. Noch mehr zu essen, lehnte er ab, weil er sich an jenem Tage unpäßlich gefühlt hatte.

In Frankreich vor der großen Revolution von 1789 gab es in der Pariser Rue Saint-Honoré ein Feinschmeckergeschäft, das damals seinesgleichen suchte, nämlich das »Hôtel d'Aligre«. Dort gab es all die Dinge, die sich Gourmet und Freßsack wünschen. Der Schriftsteller Louis-Sebastian Mercier schrieb in seinem »Tableau de Paris«, daß rohe Schinken die Tür dieses Freßtempels einrahmten und säulenartige Gebilde von Würsten den Eingang zierten. »In einer Viertelstunde kann man dort eine ganze Mahlzeit, wohlzubereitet, kaufen. Den gekochten Bayonne-Schinken, die gedünsteten Halsstücke und Zungen aus Vierzon braucht man nur noch zu servieren. ... Hier braucht man nur Geld und einen widerstandskräftigen Magen.«

Mit der massenweisen Produktion der Kartoffel als Futtermittel und mit dem Anwachsen der Abfälle der in der zweiten Hälfte des 19. Jahrhunderts aufkommenden Lebensmittelindustrie konnte die Schweinemast billigeres Schweinefleisch erzeugen. Hinzu kommt, daß man erst seit dieser Zeit die Schweinemast durch Kreuzen von Rassen optimieren konnte.

Bald hatte sich eine hohe Produktionskultur für Schinken in Europa herausgebildet, und folgende Sorten lagen vor 100 Jahren hoch in der Gunst des Feinschmekkers:

▷ Deutsches Reich: Westfälischer, Braunschweiger, Mainzer, Thüringer, Holsteiner, Ostfriesischer, Mecklenburger und Pommerscher Schinken.
▷ Frankreich: Bayonne, Mezin, Longwy.
▷ Österreich-Ungarn: Prager Schinken.
▷ England: Smithfield, Westmoreland, Ireland.
▷ Italien: Bologna, Florenz.

So manche dieser Sorten ist heute nicht mehr zu finden.

Mit einiger Sicherheit dürfen die Römer als Erfinder des luftgetrockneten Schinkens gelten. Solche Schinken waren bis zur Neuzeit kein Volksnahrungsmittel, sondern Luxusprodukte. Erst mit der Verbilligung der Schweinemast und der gezielten Rassenzüchtung wurde Schinken auch für breitere Schichten bezahlbar. Mit den Kaiser- und Königreichen sind auch einige der früher begehrten Schinkensorten »ausgestorben«.

Schinken der Welt

Die Länder Italien, Frankreich und die Bundesrepublik Deutschland sind die Schinkenweltmeister, wenn es um die konsumierte Menge, den Export, die Qualität und die Zahl der Sorten geht.

Ein Feinschmecker, der meinen sollte, in diesen Ländern keine neuen kulinarischen (Schinken-)Erlebnisse mehr finden zu können, weil seinem Gaumen weder Parma- noch Ammerländer Schinken einen Vorstoß in neue Geschmacksdimensionen ermöglichen, dem sei zu einer (Schinken-)Weltreise geraten. Vielleicht wird er ja schon in der Schweiz fündig oder in den USA oder in China. Eine erste Orientierung mag der folgende Streifzug durch die wichtigsten schinkenproduzierenden Länder geben, wobei es sich immer, wenn nicht anders erwähnt, um Schweineschinken aus der Hinterkeule handelt.

Exotisches und Benachbartes

Hotwe, das ist die chinesische Bezeichnung für luftgetrockneten Rohschinken, wird man wohl niemals auf dem deutschen Markt antreffen. Der aus Yünan und aus Tschingwa zählt zu den bekanntesten. Eingesalzener und luftgetrockneter Schinken muß in China schon seit uralten Zeiten bekannt sein. Zu Beginn des 18. Jahrhunderts berichtet beispielsweise der französische Jesuitenpater Du Halde von einem Bankett, bei dem auch Schinken und luftgetrocknetes Entenfleisch geboten wurde. Die Herstellung von luftgetrocknetem, vorher eingesalzenem Entenfleisch setzt große Erfahrung voraus.

Ebenso unbekannt ist *Country Cured Ham*, ein luftgetrockneter Hinterschinken aus den USA.

Wenn man einen türkischen Lebensmittelhändler in seiner Nähe hat, so frage man ihn einmal nach *Pasterma*. Dieser luftgetrocknete Rinderschinken ist in der Türkei und im Vorderen Orient zu Hause. Er wird in der Türkei aus dem Rückenmuskel, in Ägypten aus dem Filet hergestellt und zum Schutz vor Schimmelpilzen mit einer Paste aus Knoblauch, Salz und Gewürzen eingerieben.

In Spanien wird besonders der *jamón Serrano* (jamón = Schinken) geschätzt. Das ist ein luftgetrockneter Knochenschinken mit anhaftendem Eisbein und Fuß aus Jabugo in Andalusien. Seine Reifung wird durch bestimmte Schimmelpilze gefördert. Er wird nach dem Lufttrocknen mit Olivenöl und Pfeffer bestrichen. In die Bundesrepublik wird er leider noch nicht exportiert. Ebenfalls aus Spanien kommt der gekochte, milde *Astuarias-Schinken*. Aus dem Nachbarland Portugal wäre zu berichten über den *Serra da Padrela*, der zur Gruppe der luftgetrockneten Rohschinken gehört.

Ein weiterer Luftgetrockneter ist der jugoslawische *Kraški Pršut* aus Dalmatien.

Ardenner Schinken, der sowohl aus den französischen als auch belgischen Ardennen stammen kann, ist ein weithin geschätzter Knochenschinken und besteht aus der Ober- und Unterschale. Nach dem mehrwöchigen Trocknen und Pökeln in quaderförmigen Formen wird er mit Wacholderzweigen und Wacholderbeeren kaltgeräuchert oder luftgetrocknet. Oft wird er in karierten Leinentüchern angeboten.

Prager Schinken wird leider nicht mehr exportiert. Er wird 2 Wochen lang mit Schwarte und Knochen mild mit Salz und Zucker unter Zusatz von Pfeffer, Koriander und Lorbeerblättern gepökelt, 3 Stunden warmgeräuchert, dann gewässert und gekocht (pochiert) und etwa 2 Wochen getrocknet. Früher war es in Prag üblich, nach dem Räuchern den Knochen herauszulösen, die Schwarte abzuschneiden und den Schinken in Brotteig eingeschlagen im Ofen zu backen. Er wurde dann in fingerdicken Scheiben warm verzehrt.

Aus der Schweiz kommen kaum Schweineschinken zu uns. Berühmt sind eher die Schinken aus der Rinderkeule, wie der magere *Mostmöckli.* Er wird in kleinen Stücken gepökelt, kaltgeräuchert und lange luftgetrocknet. Bei uns am bekanntesten ist aber das *Bündner Fleisch* oder das ähnliche *Walliser Trockenfleisch.* Dafür werden die Keulen von gut ausgemästeten, mittelalten Rindern verwendet. Deren fettfreie und feinfaserige Teile werden für 3 bis 5 Wochen in einer Lake aus Salz, Pfeffer, Wacholder, Ingwer, Knoblauch und Lorbeer gepökelt, dann gewässert und abgetrocknet. Bei der 3 bis 6 Monate in 1000 bis 1500 Metern Höhe währenden Lufttrocknung wird die Reifung und Aromabildung günstig durch Schimmelpilze der Gattung Penicillium beeinflußt. Zwischendurch werden die Keulen einige Male gepreßt und bekommen so ihre Kastenform. Es gibt auch einen luftgetrockneten *Bündner Rohschinken* aus der Schweinekeule. Er sieht im Anschnitt ebenfalls rechteckig aus und weist einen sehr hohen Trocknungsgrad auf (40 bis 50 Prozent Gewichtsverlust). Außer Salz, Pfeffer und Wacholder enthält das Pökelsalz auch Alpenkräuter, die das Aroma deutlich beeinflussen.

Zu Unrecht ist Schinken aus dem englischen York auf dem Kontinent wenig bekannt. Das wird sich ändern, wenn die Briten ihre Exportabsichten verwirklichen – obwohl die britische Schinkenproduktion mit insgesamt jährlich 30 000 Stück relativ klein ist. Beim *Yorker Schinken* kann es sich sowohl um gekochten als auch rohen Knochenschinken handeln. Zu der Zeit, als die Yorker Kathedrale gebaut wurde, bereitete man ihn wie folgt zu: Das geschlachtete Schwein sollte 12 Stunden abhängen, bevor es zerteilt wurde. Der abgetrennte Schinken wurde mit Salz, Salpeter und braunem Zucker gepökelt und auf Ziegelsteine mit Stroh zum Trocknen gebettet. So sollte er für 3 Wochen liegen, und man trocknete ihn zwischendurch ab und rieb ihn mit geröstetem Salz ein. Dann hängte man den Schinken an einem Ort mit frischem Luftzug auf und räucherte ihn nach einigen Tagen mit Eichenholzspänen (die beim Bau der Kathedrale reichlich anfielen). Bis zum Verzehr gönnte man ihm schließlich eine dreimonatige Reifezeit.

Auch in unserer Zeit hat sich an dem Herstellungsverfahren für Yorker Schinken nichts Wesentliches geändert: Keulen von ausgesuchten Schweinen englischer Rassen werden von Hand mit Salz eingerieben. Dies wird während des ersten Monats mehrere Male wiederholt. Dann werden sie abgewaschen, getrocknet und in Leinensäcken etwa 3 Monate zum Lufttrocknen aufgehängt. Zum Schluß werden sie einzeln auf ihren Reifegrad geprüft. Sie müssen fest, aber mürbe sein.

Gekochte Yorker Schinken werden üblicherweise entschwartet und mit einem Gemisch aus goldbraunen Semmelbröseln und Gewürzen bedeckt. Sie werden gern warm oder auch kalt mit Madeira- oder Portweinsauce gereicht.

Ein trocken gepökelter, dann mit Gewürzen, Wacholderbeeren und Melasse behandelter Räucherschinken ist der *Bradenham-Schinken*. Er wurde 1781 von einem Lord Bradenham kreiert und zeichnet sich durch ein außergewöhnliches süßes und mildes Aroma aus. Während der viele Monate dauernden Reifezeit dringt das Gewürzaroma in das Schinkenfleisch ein. Zum Schluß wird er geräuchert und erhält so seine tiefschwarze Farbe. Sein äußeres Kennzeichen ist ein Brandzeichen mit einem geflügelten Pferd. In England gilt der Bradenham als der Fürst unter den Schinken. Bradenham gibt es auch als Kochschinken, auch dann ist er schwarzgeräuchert.

Italien: I prosciutti italiani

Italien ist nicht nur für seine Edelschinken berühmt, sondern man muß auch die vielen anderen Schinkensorten und Spezialitäten loben. Langsam werden auch bei uns folgende Kreationen bekannt: die *Coppa* (trockengepökelter, in Darm gefüllter und luftgetrockneter Schweinehals ohne

Knochen), die *Pancetta* (luftgetrocknete Schweinsbrust) oder die *Bendaiola* (in Gewürzlake gepökelter und in der Schweinsblase geräucherter Schweinenacken). Wunderbar die Wildschweinschinken von Maremme (zwischen Livorno und Rom)! Dem Bündner Fleisch (Schweiz) sehr ähnlich, jedoch geräuchert, ist der *Bresi* aus Rindfleisch.

Aus Veltlin nahe der Schweizer Grenze stammt die milde und zarte *Bresaola,* 4 Monate trocken gesalzenes, mageres Kalbfleisch aus der Keule, das danach lange in der trockenen und kalten Bergluft getrocknet wird. Man ißt es in dünnen Scheiben, mit Olivenöl, Zitronensaft und Pfeffer angemacht.

Südtiroler Speck oder *Bauernspeck* ist eigentlich ein Schinken, weil er aus der Schweinekeule hergestellt wird. Er wird ohne Oberschale trocken mit Salz und Alpenkräutern gepökelt, fast 2 Wochen in der kalten Pökelkammer gelagert und anschließend einige Tage in Tannen- oder Kiefernrauch unter Zugabe von Wacholderbeeren und Alpenkräutern geräuchert. Nach der Reifelagerung von mehreren Monaten bekommt er seinen herzhaften Geschmack, nicht zuletzt durch die an seiner Oberfläche wirkenden Penicilliumpilze.

Der *prosciutto di Montefeltro* ist ein mit Pfeffer eingeriebener, geräucherter Rohschinken, ebenso wie der toskanische *Casentino* oder der *Sauris* aus Friaul. Dagegen kommt man mit dem *Carso* aus Friaul den Fürsten unter den zarten, luftgetrockneten Rohschinken schon näher. Schinken aus Umbrien und Irpinia haben ebenfalls einen guten Ruf in Italien. Modena, zwischen Parma und Bologna gelegen, produziert wunderbare Luftgetrocknete, die an dem Brandzeichen »Pm« erkennbar sind.

Etwas weiter südlich muß der *Toskana-Schinken* aus klimatischen Gründen stärker gesalzen werden, aber er gleicht äußerlich dem Parma.

Ein schon seit dem 12. Jahrhundert hergestellter luftgetrockneter Schinken ist der *Veneto* aus dem Gebiet von Padua bis Vicenza. Diese Sorte ist leider hierzulande kaum bekannt, weil es das für Werbung und Export zuständige Consorzio del Prosciutto mit nur 4 Betrieben erst seit 1981 gibt. Wie der Parma und der San Daniele ist er in seiner Herkunftsbezeichnung staatlich geschützt. In seiner Qualität steht er dem Parma und dem San Daniele in nichts nach. Er hat keinen Fuß (Spitzbein) und ist immer mit einer Schnur zum Aufhängen versehen. Er muß 10 bis 12 Monate reifen und wiegt dann noch mindestens 8 Kilogramm. Zum Schluß wird er geprüft und bekommt das Brandzeichen mit dem venezianischen geflügelten Löwen und der Bezeichnung »VENETO«. Im Anschnitt ist er schön rosa bis rötlich, er duftet köstlich und ist sehr mild. Vom Veneto werden jährlich ca. 450 000 Stück hergestellt.

Deutschland, deine Schinken

In der Bundesrepublik soll es einmal ein Nord-Süd-Gefälle in der Schinkenqualität gegeben haben. Davon ist heute nichts mehr zu schmecken. Zu den Spitzenprodukten des Südens zählt sicher der *Alemannen-Schinken* aus dem Südschwarzwald. Er ist ein milder, aber doch würziger luftgetrockneter Knochenschinken von rosabraunem Anschnitt. Je nach Gewicht wird er 8 bis 10 Monate in über 900 Metern Höhe getrocknet. Man sollte ihn in dünnen

Für die Echtheit des Parmaschinkens bürgt die fünfzackige Krone mit dem Oval »PARMA«, die vom Consorzio del Prosciutto di Parma verliehen wird.

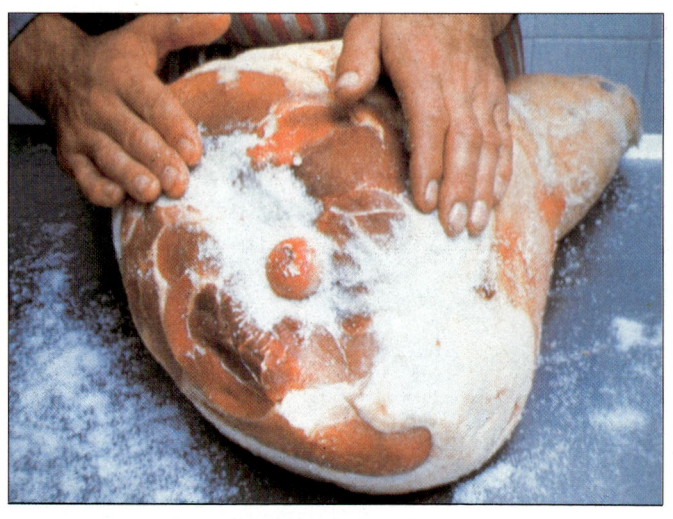

Direkt nach dem Zuschneiden werden die Parmaschinkenkeulen mit einer bestimmten Menge Meersalz eingerieben. Die fertigen Schinken werden mit einer am Fuß befestigten Kordel an speziellen Gestellen aufgehängt.

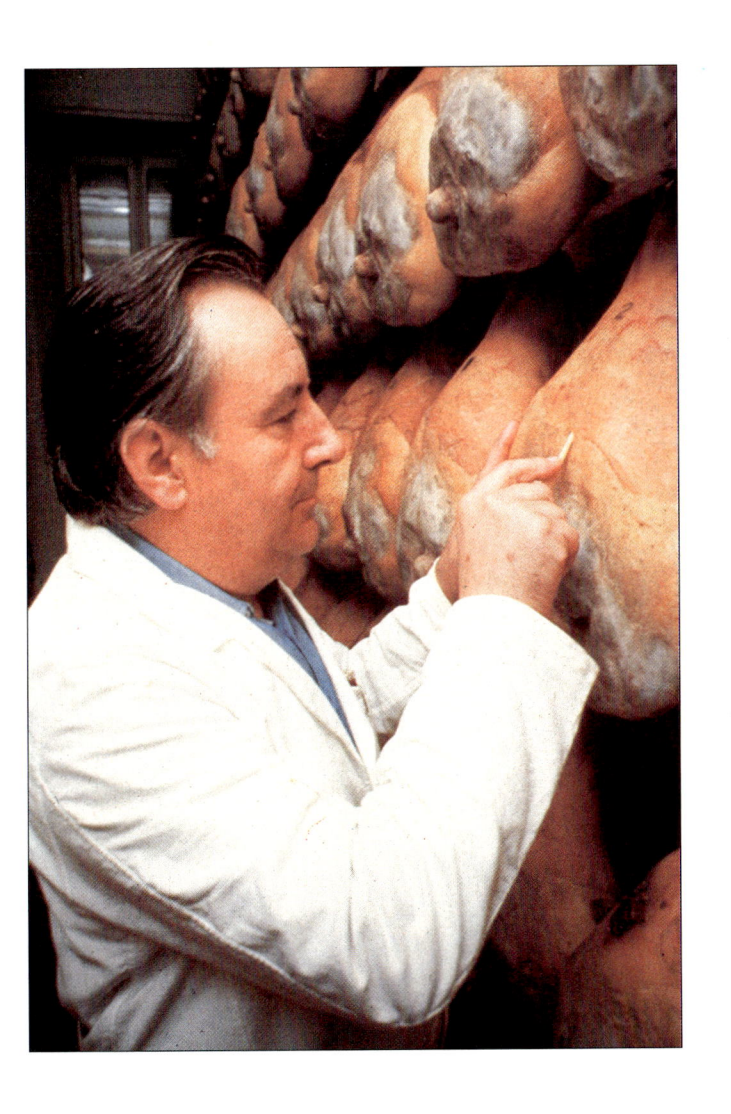

Durch Einstechen mit einer Hohlnadel aus Pferdeknochen in der Nähe des Röhrenknochens prüft ein organoleptischer Spezialist den Geruch des Parmaschinkens.

*Parmaschinken mit Obst oder Gemüse ist nicht nur
eine leckere Gourmandise, sondern auch eine
wunderbare Diät für all diejenigen, die abnehmen wollen,
ohne auf Genuß zu verzichten.*

Scheiben mit Weißbrot, feinem Obst oder Spargel genießen.

In Franken »wächst« ein sehr mild gepökelter und geräucherter Schinken, der dem Schwarzwälder im Aussehen sehr ähnlich ist. Er wird meist ohne Oberschale angeboten.

Mainzer Schinken ist in seiner Herstellung außergewöhnlich: Nach einem Monat Naßpökelung und anschließender Wässerung, um das Salz wieder herauszuziehen, wird er in Weintrester mit Weinhefe mariniert und dann lange kaltgeräuchert.

Beim *Saarbrücker Schinken* handelt es sich um einen knochenlosen gekochten Schinken, der nach dem Pökeln in Wacholderrauch kaltgeräuchert wird. Man erkennt ihn an dem Netzmuster auf der Schwarte. Weiter östlich gibt es den zarten *Coburger Kernschinken;* er wird nach dem Pökeln quaderförmig gepreßt und dann kaltgeräuchert.

Als luftgetrockneter Rohschinken unter den vielen deutschen Geräucherten stellt der *Eichsfelder* aus der Gegend zwischen Göttingen und Duderstadt gewiß eine Ausnahme dar. Sein Aroma ist sehr fein, nicht zuletzt, weil in dem Gebiet hervorragende Schweine gezüchtet werden.

Im Göttinger Raum nennt man gepökeltes Rindfleisch aus dem Schwanzstück, das mit magerem Speck umwickelt, in kantige, dicke Streifen geschnitten und im Warmrauch goldgelb geräuchert wird, *Göttinger Bärenschinken* oder *Nagelholz*.

Sauerländer Knochenschinken ist ein trockengepökeltes, dann geräuchertes und 5 Monate in Felsenkammern gereiftes, zartes und mildes Erzeugnis bodenständiger Handwerkskunst. Leider wird er oft entbeint als Rollschinken angeboten.

Wenn man mageres Rindfleisch, z.B. aus der Keule, in einer Lake aus Salz, Pfeffer und einem Rotwein von der Ahr pökelt und dann kalträuchert, so kommt man zu einem Produkt namens *Neuenahrer Rauchfleisch*.

In Hamburg sind nicht nur die Nächte lang, sondern seine Einwohner haben sich ihre Schinken nach eigenem Gusto herangezüchtet. Der kräftige Land-See-Wind ist sicher eine gute Voraussetzung dafür. *Hamburger Rauchfleisch* ist ein magerer Rinderschinken, der aus der Oberschale, aber auch aus dem Schwanzstück oder der Blume hergestellt wird. Er wird trockengepökelt, kaltgeräuchert und ist recht mild. Außen ist er sehr dunkel, aber im Anschnitt schön kirschrot. *Hamburger Rohschneideschinken* ist ein mit Heidekraut und Wacholderbeeren geräucherter Knochenschinken. *Hamburger Kochschinken* wird nach dem Pökeln angeräuchert und dann pochiert.

Mit ihren kräftigen Winden sind die deutschen Küsten nicht nur gut für die Erzeugung von Windenergie, sondern erst recht für die dunkel geräucherten Knochenschinken der Friesen, für die milden Ammerländer Räucherschinken und die zuckergepökelten, luftgetrockneten *Emsländer Schinken*.

Ohne voreingenommen zu sein, muß man den *Holsteiner Katenschinken* unter den norddeutschen Schinken die Spitzenstellung zugestehen, aber darüber später mehr.

La France – Landschinken, Schinken des Landes

In Frankreich gibt es keine so stark exportorientierte Schinkenindustrie wie in Italien oder Deutschland. Wo es das

Klima erlaubte, hat sich eine bäuerliche bis mittelständische Fabrikation luftgetrockneter Knochenschinken entwickelt. Nur im Norden werden auch geräucherte Schinken hergestellt.

Für Rohschinken gibt es in Frankreich drei Kategorien, je nach Art der Zubereitung:

▷ Roher Schinken: bis 120 Tage Herstellung, ohne Bezeichnung der Region oder Qualität.
▷ Luftgetrockneter Schinken: mindestens 145 Tage Herstellung, Gewicht mindestens 5,5 Kilogramm, mit Angabe der Qualität und der Region.
▷ Luftgetrockneter Schinken erster Qualität: mindestens 210 Tage Herstellungszeit, ansonsten die gleichen Anforderungen wie die einfachere Qualität.

Nun zu den regionalen Besonderheiten von Rohschinken in einigen Regionen. Eine Besonderheit aus Korsika ist der *Prisuttu* aus halbwilden Schweinen, die sich mit Kastanien, Lavendel, Salbei, Rosmarin und wildem Majoran vollfressen. Er wird meist luftgetrocknet und weist ein beeindruckendes Aroma auf. Leider wird kaum exportiert.

Frankreichs luftgetrocknete Rohschinken werden manchmal nach dem Pökeln leicht angeräuchert. Zu den Luftgetrockneten gehören: *Jambon d'Ardèche, du Haut-Doubs, du Morvan, de Lacaune, d'Auvergne, de Savoie, de Sault, des Pyrénées, du Béarn* und andere. Auch der *Armorique-Schinken* aus der Bretagne ist luftgetrocknet. Der *Luxeuil-Schinken* wird nach dem Schlachten 4 Wochen in Wein und Weinbrand eingelegt, dann mit Salz eingerieben und im Nadelholzrauch geräuchert. Er wird danach etwa 120

Tage luftgetrocknet. Man findet ihn im Gebiet um Luxeuil (Haute-Saône) südlich der Vogesen.

Der *jambon de Bayonne* aus dem gebirgigen Baskenland um Béarn ist sicherlich der berühmteste französische Rohschinken. Er wurde (wird) mit dem Salz aus den Salies-de-Béarn und Zucker, Salpeter, Pfeffer und Gewürzen trocken gepökelt und dann mindestens ein halbes Jahr in der Bergluft der Pyrenäen getrocknet. Sein Ruhm soll auch daher rühren, daß man die Schweine früher mit Kastanien gefüttert hat. Sein Geschmack ist aromatisch, aber fein. Er wird als Knochenschinken oder entbeint angeboten. Leider ist die Herkunftsbezeichnung nicht geschützt, und so wird er heute in ganz Frankreich hergestellt.

Französische gekochte Schinken *(jambons cuits)* werden, wie üblich, gepökelt und im eigenen Saft pochiert. Qualitätsware ist aromatisch und zeigt saftiges, aber nicht wäßriges Fleisch von fester Struktur.

Bayonner Blasenschinken besteht aus einem gepökelten und dann in Zellophanblasen heißgeräucherten Nackenstück vom Schwein. Der *jambon de Paris,* auch *jambon blanc* genannt, ist ein entbeinter, gepökelter, dann gekochter, zarter Schinken, der zum Schluß quaderförmig gepreßt wird. Der *jambon de Reims* wird ebenso hergestellt, es gibt ihn aber auch in der Form eines Kegelstumpfes. Er wird entweder mit aromatisiertem Gelee überzogen oder paniert verkauft. Von schönem Aussehen ist der *jambon persillé (de Bourgogne* oder *du Morvan)*. Er wird in Brühe mit Rot- oder auch Weißwein pochiert und mit Petersiliengelee überzogen. Die bekannten französischen Kochschinken verdanken ihren Namen übrigens der »Foire aux Jambons«, einem früher in der Karwoche auf dem Platz vor der

Kathedrale Notre-Dame abgehaltenen Markt, auf dem es nur Schweinefleischprodukte gab.

Quasiexotische Produkte sind der *jambon de Strasbourg*, ein Knochenschinken, der während der Reifung mit Zwetschgenwasser bestrichen wird, der *jambon de Bourgogne* und der *bretonische Pfefferschinken*. Der *jambon de Bourgogne* wird in einer Lake aus Salz, Pfeffer, Koriander, Lorbeer, Zucker und einem schweren Burgunderrotwein gepökelt und kaltgeräuchert. Es gibt ihn als rohen Knochenschinken, aber auch als gekochten Schinken. Der erwähnte Pfefferschinken aus der Bretagne ist ein mit geschrotetem Pfeffer überzogener, luftgetrockneter Rohschinken mit dunkelroter Farbe. Er wird in der Regel als Rollschinken angeboten, d. h., er wird ohne Knochen und Schwarte gepökelt und mit Wurstgarn zusammengehalten.

Rohschinken aus Frankreich werden gerne dünn aufgeschnitten und mit frischem mildem Gemüse wie Bleichsellerie oder Fenchel gereicht. Dazu paßt ein Landwein der Region, aus dem der Schinken stammt. Kochschinken, die häufig in sehr großen, ca. 2 Millimeter dicken Scheiben geschnitten werden, dienen in Frankreich nicht wie bei uns als Brotbelag, sondern als Bestandteil einer Vor- oder Zwischenmahlzeit.

Schinken werden in vielen Ländern der Welt hergestellt. Jedoch sind Italien, die Bundesrepublik Deutschland und Frankreich in Qualität und Quantität führend.

Die Könige
unter den Schinken

Nach dem einhelligen Urteil der Gourmets und der Fachleute haben die in diesem Abschnitt näher beleuchteten Schinken sicher den Königstitel verdient, obwohl letztlich der persönliche Geschmack entscheidet, welchem Produkt der Vorzug gegeben wird. Zudem gibt es durchaus auch andere Schinkenhersteller, die ebensolche Qualitätsprodukte herstellen wie die »Königsmacher«. Doch genug der Vorrede, Fürsten läßt man nicht warten ...

Parmaschinken: Das Fleisch, das Salz und der Wind

Ein italienisches Sprichwort besagt: In Parma sterben ... der Traum eines jeden Schweines! So ist denn auch der Parmaschinken in Italien mit Abstand am beliebtesten. Etwa 52 Prozent des italienischen Schinkenkonsums entfallen auf den Parma.

Nach italienischen Gesetzen ist die Bezeichnung »*Prosciutto di Parma*« reserviert für Schinken aus der Provinz Parma in Höhen bis 900 Metern einschließlich der Orte Pellegrino, Palanzano und Traversetolo. Die Schweine müssen in den letzten 4 Monaten vor der Schlachtung in den Provinzen Emilia-Romagna, Lombardia, Veneto und Piemonte gemästet worden sein. Sie dürfen überhaupt nur höchstens 4 Monate im Stall gehalten werden. 40 Tage vor dem Schlachten bekommen sie besonders eiweißhaltiges Futter, in der Zeit davor nur Getreide, Molke und Mineralsalze. Es dürfen nur frische, nicht tiefgefrorene Keulen verwendet werden. Die Dauer der Lufttrocknung ist mit mindestens 10 Monaten vorgeschrieben.

Alle Schweinerassen sind zugelassen, bis heute überwiegen die italienischen Rassen »Toscana« und »Romagnola« sowie die »Italienische Landrasse« und die Rasse »Large White«.

Beim Schlachten müssen die Schweine vollkommen gesund sein und nachher völlig ausbluten. Die Keule wird abgetrennt, indem man den Hüftknochen am Hüftgelenk absägt. Der Fuß wird ebenfalls abgesägt. Innerhalb eines Tages wird die Keule nun von Körpertemperatur auf 1 Grad Celsius abgekühlt.

Das nun folgende Zuschneiden ist einerseits typisch für diese Schinkensorte, andererseits ein für das richtige Reifen des Schinkens wichtiger Vorgang. Schwarte, Fett und Muskel werden so geschnitten, daß eine hühnerkeulenähnliche Form entsteht. Überflüssiges, nicht fest am Muskel haftendes Fett wird abgeschnitten. Bei diesem Arbeitsschritt werden auch unschöne Schinkenkeulen aussortiert.

Direkt nach dem Zuschneiden werden die Keulen je nach Gewicht mit einer bestimmten Menge Meersalz eingerieben. Einige Hersteller salzen die mit Schwarte bedeckten Teile mit Salzlake ein, um das Salz schneller eindringen zu lassen. Die Salzmenge ist im Vergleich zu anderen Schinken relativ niedrig. Im Endprodukt von 8 bis 9 Kilogramm befinden sich nicht mehr als 400 Gramm Salz, also weniger als 5 Prozent! Zwar ist der Zusatz von 1 Promille (1 Gramm pro Kilogramm) an Natriumnitrat (Salpeter) erlaubt, aber von dieser Möglichkeit macht keiner der Hersteller Gebrauch.

Nach der Salzung muß der Schinken im Kühlraum 70 bis 100 Tage ruhen, damit sich das Salz in seinem Innern verteilen kann. Dies wird zweimal durchgeführt, wobei er vor dem zweiten Salzen abgewaschen und wieder getrocknet wird. Auf Gestellen werden die Schinken ins Freie befördert, bis sie völlig abgetrocknet sind.

Die nun folgende Phase der Reifelagerung geschieht in besonderen Räumen mit hohen Fenstern an 2 Seiten. Die Fenster sind, sofern es die Klimabedingungen zulassen, immer geöffnet, damit die von den Bergen kommende trockene Luft der Fallwinde über die Schinken streichen kann. Nach einer gewissen Reifezeit werden die Schinken an der am Hüftknochen zu findenden Delle mit Talkumpuder und Pfeffer bestreut, um Bakterien und andere schädliche Mikroorganismen von dieser Stelle fernzuhalten.

Die Schinken müssen nun weitere Monate lagern. Man rechnet für einen Schinken mit einem Endgewicht von 9 Kilogramm etwa 10 Monate für die Lufttrocknung. Für größere Schinken setzt man 12 Monate an.

Durch Einstechen mit einer Hohlnadel aus Pferdeknochen in der Nähe des Röhrenknochens prüft ein organoleptischer Spezialist den Geruch des Fleisches. Dadurch können mit hundertprozentiger Sicherheit ungeeignete Exemplare ausgeschieden werden. Da Parmaschinken von Betrieben hergestellt wird, die ausschließlich Rohschinken produzieren, kann ein hoher Hygienestandard aufrechterhalten werden. Der Schinken sieht jetzt eigentlich schon reif aus, an der Oberfläche ist er dunkel und hart. Doch erst jetzt, 6 bis 8 Monate vor dem Versand, bilden sich die für den Parmaschinken typischen Aromastoffe und seine Zartheit aus.

Die nicht von Schwarte bedeckten Partien werden nun mit einer einen halben Zentimeter dicken Paste aus Schweinenierenfett, Mehl, Salz und Pfeffer bedeckt. Dies verhindert das Eindringen von Mikroorganismen und weiteres Austrocknen, und es hält den Schinken geschmeidig. Man hängt den Schinken schließlich zur Endreifung in kühlere Räume. Am Ende brennt ein Vertreter des Consorzio del Prosciutto di Parma als Zeichen für seine Echtheit die fünfzackige Krone mit dem Oval »PARMA« ein. Zu diesem Zeitpunkt hat er etwa 25 Prozent seines ursprünglichen Gewichtes verloren.

Während der Reife spielen sich zahlreiche biochemische Vorgänge ab, die zur Entwicklung des Aromas, des Duftes und der schönen Farbe wichtig sind. Zu diesen Prozessen gehören die Hydrolyse der Proteine, der Abbau von höheren organischen Verbindungen in solche mit niedrigerem Molekulargewicht und die Umbildung von höheren Fetten in einfache Fettsäuren.

Frisch aufgeschnitten hat Parmaschinken eine rosa bis rotbräunliche Farbe und eine zarte Maserung. Der Fettrand ist schmal, der Geschmack sehr mild und würzig. Weil ein Salzgeschmack nicht bemerkbar ist, bezeichnet man ihn auch als einen »süßen« Schinken. »Ein guter Parmaschinken muß auf der Zunge abschmelzen, und ein Salzgeschmack darf nicht auftreten. Dafür muß er Süße und

Aroma aufweisen«, so mit Recht der Parma-Hersteller Giorgio Luppi.

In Italien wird Parma fast nur als Knochenschinken angeboten und in den Fachgeschäften von qualifiziertem Personal aufgeschnitten. Für den bundesdeutschen Markt wird er fast ausschließlich vom Hersteller entbeint und verschieden geformt in den Handel gebracht, wo man ihn mit Maschinen in Scheiben aufschneidet.

Im Jahr 1987 wurden 6,4 Millionen Parmaschinken in etwa 220 meist kleinen Betrieben in den Tälern von Parma, Baganza und Taro hergestellt, wovon 22 Prozent für den Export nach Frankreich, Belgien, Großbritannien und die Bundesrepublik bestimmt waren.

Noch ein Wort zu den diätetischen Eigenschaften dieses Spitzenproduktes: Sein Energiegehalt oder Brennwert beträgt etwa 500 Kilokalorien oder 2100 Kilojoule pro 100 Gramm. Das ist relativ wenig, wenn man bedenkt, daß immer nur wenige Scheiben verzehrt werden.

San Daniele – Wo sich die Winde treffen

San Daniele liegt nordwestlich von Udine auf einer Hügelkette in Friaul, einer italienischen Region, die im Osten an Jugoslawien grenzt. Dort treffen sich feuchte, warme Winde von der Adria und trockene, nach Almwiesen duftende Lüfte aus den Alpen. Dort sind auch die gleichen langgestreckten Gebäude mit den hohen Fenstern wie im Gebiet von Parma zu finden. In diesen Betrieben werden die berühmten Schinken von San Daniele produziert. Zur Zeit sind es übrigens 25 Betriebe. Das kleinste Unternehmen führt Giovanni Prolongo, der nur 6000 Schinken im Jahr auf alte Weise ohne Klimaanlage herstellt. Aber seine Schinken sind offensichtlich vom Feinsten, was sich an seinen Preisen und den Namen in seiner Kundenliste ablesen läßt. Er kann es sich leisten, seine Schinken nur an Kunden zu verkaufen, die ihm sympathisch sind. Die Schinken von San Daniele sind denen von Parma ebenbürtig. Von San Daniele werden jährlich etwa 1,4 Milionen Stück (1987) hergestellt. Fast 15 Prozent davon gehen in den Export, hauptsächlich nach Frankreich und in die Bundesrepublik.

Für solche Schinken benötigt man in Italien gemästete Schweine von 150 bis 170 Kilogramm Schlachtgewicht. Nach dem Schlachten läßt man das Tier völlig ausbluten, trennt die Keulen ab, das Eisbein und der Fuß bleiben dran. Es ist eines der Charakteristika am San-Daniele-Schinken, daß der Fuß bis zum Ende der Reifung am Schinken bleibt und er so auch verkauft wird.

Die Keulen, die in der Regel 13 Kilogramm auf die Waage bringen, werden nun an der Innenseite oben schön rund und glatt geschnitten, wobei überflüssige Schwarte und Fett entfernt werden. Durch das Consorzio del Prosciutto di San Daniele wird das Datum des Beginns der Verarbeitung und das Siegel »DOC« (Denominazione di Origine Controllata) auf dem Schinken angebracht.

Die nun folgende Einsalzung mit Meersalz durfte bis 1984 nur in der Zeit vom 1. Oktober bis zum 31. März erfolgen. Heute hat man aber dank der modernen Klimatechnik die hygienischen Bedingungen in dieser empfindlichen Phase völlig im Griff, so daß während des ganzen Jahres gepökelt werden kann. Die auf den Schinken aufgebrachte Salzmenge ist genau durch sein Gewicht vorgegeben. Nach jahrhundertealten Erfahrungen soll das Fleisch die gleiche Zeit, wie es in Kilogramm wiegt, unter der Salzschicht liegen. Nach der Hälfte dieser Zeit, also nach etwa 6 bis 7 Tagen, entfernt man das an der Oberfläche haftende Salz. Ein Spezialist massiert den Schinken so, daß die Arterien völlig entleert werden. Nach einer weiteren Massage und neuerlichem Bestreuen mit Salz müssen die Schinken die zweite Hälfte der Pökelung verbringen.

Zum Schluß der Pökelzeit wird das Salz wiederum entfernt, und der Schinken wird langsam so gepreßt, daß er eine abgeflachte, mandolinenähnliche Form bekommt. Diese Pressung wird nur beim San-Daniele-Schinken durchgeführt. Dadurch werden die letzten Reste von überflüssiger Feuchte ausgedrückt, die mageren und die fetten Teile haften besser aneinander, und das Salz verteilt sich besser im Schinken. Da dem Schinken auch das Eisbein und der Fuß anhaften, welche hygienisch besonders anfällig sind, ist die Preßprozedur wohl auch unbedingt notwendig.

Nun muß der Schinken etwa 80 Tage ruhen. Während dieser Zeit wird er einmal für 2 bis 3 Stunden mit kaltem Wasser abgeduscht und abgebürstet. Es schließt sich eine Woche der Trocknung an.

Die nun folgende endgültige Reifelagerung in den großen Räumen mit den typischen Fenstern ist anfangs eine unter hygienischen Gesichtspunkten kritische Phase, während derer die Schinken einer täglichen Kontrolle unterzogen werden. Die natürliche Lüftung während der Reifung wird nur dann durch eine Klimaanlage ersetzt, wenn die Außenluft zu feucht ist, was jedoch relativ selten ist.

Vor oder während der Lufttrocknung werden die Schinken der »stuccatura« unterworfen, sie werden mit einem

Gemisch aus Mehl, Schmalz, Salz und Pfeffer bestrichen. Diese Prozedur macht den Schinken weich und schützt ihn vor zu starker Austrocknung und vor Keimbefall.

Zum Schluß, d. h. nach mindestens 9 Monaten Lufttrocknung und insgesamt 12 1/2 Monaten nach der Schlachtung, wird jeder Schinken nach Aussehen und Geruch geprüft. Letzteres geschieht dadurch, daß ein Experte des Consorzio mit einer Nadel aus Pferdeknochen, der für Gerüche und Aromen durchlässig ist, in den Schinken einsticht und eine Probe entnimmt. In den letzten Jahren beträgt der hierdurch festgestellte Ausschuß weniger als 1 Prozent.

Der Schinken hat jetzt seinen verkaufsfertigen Zustand erreicht. Im Anschnitt ist er rosabräunlich mit einer schmalen, schön weißen Fettschicht. Wie beim Parma ist sein Geruch aromatisch, und er schmeckt »süß«. Am ganzen Knochenschinken – in dieser Form wird er üblicherweise in Italien verkauft – sind die Füße und der aus dem Schinken herauslugende runde Oberschenkelknochen deutlich erkennbar.

Wenn er für den Export entbeint wird, preßt man ihn unter hohem Druck bei gleichzeitiger Kühlung, damit die Luft aus den Höhlungen entweicht und er seine typische Form behält. Geschmacklich gibt es für den Feinschmekker zwischen dem Knochenschinken und dem entbeinten Produkt oder Teilen davon nur geringe Unterschiede. Aber der ganze Knochenschinken ist viel länger haltbar – ein Grund mehr, sich für Knochenschinken zu entscheiden.

Das Brandzeichen des San Daniele besteht übrigens aus seiner eigenen äußeren Form, einem Schinken mit dem Fußknochen und einem »SD« in der Mitte.

San Leo und La Ghianda – Die Geheimtips

Zwischen der Enklave der Republik San Marino und dem 1403 Meter hohen Monte Fumaiolo, also südwestlich von Rimini, liegen die Orte San Leo und Carpegna. In der klaren Höhenluft des Apennin findet man dort kleinere und kleinste Betriebe, die die luftgetrockneten Schinken San Leo und La Ghianda herstellen, wie es vor Hunderten von Jahren schon üblich war. In seiner »Compositione Historica« aus dem Jahr 1667 erwähnt der Schriftsteller P. A. Guerrieri das wohltuende Klima dieser Landschaft und die dort erzeugten guten Käse, Geflügel, Eier, Pökelfleisch und Bergschinken.

Heute ist der San Leo unter den italienischen luftgetrockneten Schinken der teuerste. Die Keulen, die zu seiner Herstellung dienen, stammen von Schweinen altbewährter italienischer Rassen, wie sie eben bei den Bauern seit alters gehalten werden. Das sind keine Schweine zur Produktion von Magerfleisch in kürzester Zeit, sondern die Tiere müssen mindestens ein Jahr Zeit haben, um ihr hohes Schlachtgewicht von 160 bis 180 Kilogramm aufbauen zu können. Das Futter besteht aus Molke als Eiweißlieferant und Mais als Kohlehydratnahrung. Chemische Aufbaumittel und Zusätze werden nicht verwendet.

Vor dem Salzen wird jeder Schinken schön rund geschnitten, so daß am kugeligen Teil viel Fett sichtbar wird. Eisbein und Fuß bleiben am Schinken.

Das trockene Einsalzen erfordert, wie bei allen Schinken, die lange reifen müssen, großes handwerkliches Geschick, geeignetes Pökelklima und Zeit. Nach dem Durchbrennen – der Ruhezeit des Schinkens nach dem Pökeln –

muß der Schinken 14 bis 16 Monate und länger lufttrocknen. Das ist eine lange Reifezeit, die von keiner anderen Schinkensorte erreicht wird. Dazu hängt man ihn mit einer am Fuß befestigten Kordel an Gestelle, die sich in einer großen Halle mit natürlicher Belüftung befinden.

Der fertige Schinken ist äußerlich dem San Daniele aus Friaul sehr ähnlich. Die Fleischoberflächen werden also auch mit einer Schmalz-Mehl-Mischung zum Schutz vor unerwünschten Beeinträchtigungen eingeschmiert. Allerdings wird beim San Leo mehr Schwarte am oberen Teil der Keule entfernt, man sieht mehr Fett.

San-Leo-Schinken zeichnet sich durch besonders milden Geschmack und einen intensiven Duft aus. Das Fleisch ist kompakt und läßt sich gut schneiden.

Der La-Ghianda-Schinken unterliegt der gleichen Herstellungsprozedur. Er unterscheidet sich aber vom San Leo dadurch, daß er nicht bloß eingesalzen, sondern mit Salz und Gewürzen eingerieben wird. Außerdem schneidet man bei ihm den Fuß ab. Dieser Schinken ist kräftig-aromatisch, aber doch ebenfalls sehr mild.

Beide Schinken, San Leo und La Ghianda, sind leider bislang nicht staatlich geschützt; aber das kann wohl nur noch eine Frage der Zeit sein.

Westfälischer Schinken – Früher weltberühmt, und heute?

Der Schinken aus Westfalen war schon im Mittelalter ein begehrter Exportartikel. Davon zeugt nicht zuletzt ein Kirchenfenster in der westfälischen Stadt Soest: In der Mariazur-Wiese-Kirche verspeisen Jesus und die Jünger zum Abendmahl Westfälischen Schinken, Pumpernickel und Bier. Vielleicht rührte das Renommee des Westfälischen Schinkens daher, daß sich die Schweine bis zum späten Mittelalter noch überwiegend von Eicheln im Wald ernähren konnten. Der Westfälische Schinken soll damals so begehrt gewesen sein, daß die Franzosen am Ende des Dreißigjährigen Kriegs eigentlich nicht zum Abschluß des Westfälischen Friedens nach Westfalen gekommen sein sollen, sondern um das Land wegen der Schinken zu plündern.

Heute wird Westfälischer Schinken meist nur geräuchert angeboten. Aber es gibt ihn auch noch luftgetrocknet. Er hat dann eine viel hellere Farbe als der geräucherte Schinken und ähnelt darin den italienischen luftgetrockneten. Ein luftgetrockneter Westfälischer Schinken ist sein Geld wert, wenn er mindestens 6 Monate getrocknet wurde.

Der geräucherte Westfale soll trocken und mürbe sein und einen nußartigen Geschmack ohne Dominanz des Rauches haben. Seine hellbraune Schwarte und die dunkelrotbraune Fleischfarbe sehen appetitlich aus. Im Anschnitt ist er rotbraun mit dünnem Fettrand.

Nach dem Schlachten wird der gut durchgekühlte Hinterschinken von 7,5 bis 10 Kilogramm Gewicht und mit festem, kernigem Fleisch von schön roter Farbe massiert, um das Restblut auszudrücken. Das Eisbein wird abgeschnitten, Schwanzknochen und Schloßknochen werden ausgelöst, und der Röhrenknochen bleibt drin. Das Hüftfleisch wird rund geschnitten. Dicke Speckschichten und die Schwarte werden nach außen hin schräg abgeflacht abgeschnitten.

Nun wird der Schinken mit einer genau dosierten Menge Nitritpökelsalz unter Zusatz von wenig Gewürz eingerieben. Dazu bedient man sich auf der Schwartenseite einer Massiermaschine, bis die Schwarte schwitzt. Sie ist dann salzdurchlässig geworden. Viel Salz wird um den Knochen eingedrückt, weil dies eine empfindliche Stelle ist.

Häufig ist es üblich, die Schinken naß durch Übergießen mit einer Lake zu pökeln. Sie werden mit einem Gewicht beschwert, und nach 2 bis 3 Tagen nimmt man sie heraus, um sie bei 8 bis 12 Grad Celsius durchbrennen zu lassen. Zwischendurch werden die Schinken umgeschichtet. Danach werden sie 2 Tage zum Abtrocknen bei 16 bis 20 Grad Celsius aufgehängt.

Beim Trockenpökeln wird der Schinken zwischendurch einmal abgewaschen und erneut eingesalzen. Er wird dann ebenfalls zum Trocknen aufgehängt.

Nun werden die Schinken lauwarm abgewaschen und mindestens 10 Stunden in fließendem kaltem Wasser vom Salzüberschuß befreit. Zum Abtropfen werden sie in luftigen Hallen aufgehängt. Die anschließende Kalträucherung bei 18 Grad Celsius mit Rauch aus Buchenholz und Wacholderbeeren dauert etwa 2 Wochen. Die Räucherkammern sind mit Schamottesteinen ausgemauert und speichern in gewisser Weise den Geruch und Geschmack vieler Schinkengenerationen. Weitere 2 Wochen bei geregelter Temperatur und Feuchte dienen der Nachtrocknung.

Nach dem Räuchern wird in der Regel der Röhrenknochen herausgestoßen, weil im Lebensmittelgeschäft oder Kaufhaus kaum das zum Schneiden von Knochenschinken qualifizierte Personal angestellt ist. Wie schade, ein Knochenschinken ohne Knochen!

Immerhin wußte schon Anthelme Brillat-Savarin in seinem noch heute mit Gewinn zu lesenden Werk »Physiologie du goût« (1848) den Westfälischen Schinken zu schätzen: »Den zartesten Gaumen behagen die Servelatwürste, die Mortatellen, die Westfälischen Schinken, das Hamburger Rindfleisch, die Sardellen und Häringe und ähnliche Speisen sehr wohl, die nicht dem Feuer ausgesetzt waren und dennoch den Appetit reizen.«

Holsteiner Katenschinken – Meerumtost und geräuchert

Dieser weithin bekannte geräucherte Rohschinken wird nicht aus jungen Schweinen, die gewöhnlich zur Schinkenherstellung dienen, gefertigt. Sondern man nimmt zur Herstellung des Holsteiner Katenschinkens zwei- bis dreijährige aus Schleswig-Holstein stammende Zuchtsauen, deren Fleisch ausgereift, dunkel und frei von chemischen Masthilfen ist.

Die Keule des geschlachteten Tieres wird auf eine Speckauflage von maximal 2,5 Zentimetern zugeschnitten und etwa einen Tag auf 2 Grad Celsius herabgekühlt. Sie muß einen pH-Wert von 5,6 bis 5,8 haben. Knochen und Eisbein bleiben dran. Dann wird sie mit Kochsalz, Nitritpökelsalz und Gewürzen, vor allem Pfeffer und Wacholder, eingerieben. Während der 5 bis 10 Wochen währenden Trockenpökelung bei 5 bis 6 Grad Celsius werden die Schinken mehrmals mit Salz abgerieben und gewendet.

Es schließt sich das drei- bis vierwöchige Durchbrennen bei 8 bis 10 Grad an. Bei der jetzt höheren Temperatur können sich Bakterien besser an der Ausbildung des Aromas beteiligen.

Vor dem Räuchern werden die Schinken gewaschen und gewässert, um das Salz an der Oberfläche zu entfernen. Zum Vortrocknen stellt man sie auf die schmale Seite, also auf die Schnittfläche zum Eisbein. Auf Gestellen aus Edelstahl werden sie fertiggetrocknet.

Die anschließende Kalträucherung mit Buchenholzrauch von 16 Grad Celsius und 85 Prozent Luftfeuchte dauert 4 bis 6 Wochen und erfolgt in gemauerten Räucherkammern. Dem zum Räuchern verwendeten groben Buchenholzsägemehl setzt man Eichenlohe und Wacholderstauden sowie auch Sägemehl von Erlen und Mahagoni zu. Mahagoni gibt eine goldbraune Räucherfarbe, Dunkelgelb bis Braun läßt sich aus Erle und Eiche erzielen, Goldgelb mit Buche, Linde oder Ahorn. Früher wurde dem Sägemehl zur Aromaverstärkung auch Torf zugegeben; aber das ist heute wegen der möglichen Bildung krebsauslösender Stoffe verboten. Zwischendurch wird die Räucherkammer einige Male für 2 bis 3 Tage gelüftet, bevor die neue Glut angefacht wird.

Zum weiteren Trocknen und Reifen läßt man die geräucherten Schinken in einem klimatisierten Raum bei 15 Grad Celsius und 80 Prozent Luftfeuchte eine Woche lang hängen. Noch zu Beginn unseres Jahrhunderts wurde die Mehrzahl der Schinken wirklich unter dem Dach in der Kate, also dem Raum eines Bauernhauses, der eine offene Feuerstelle aufwies, aufgehängt und geräuchert.

Wenn der Schinken fertiggeräuchert ist, schneidet man die Knochen heraus, entfernt das Eisbein und zerlegt den Schinken in verkaufsfertige Teile von einigen hundert

Gramm. Diese Teile sind Papenschinken (Ober- und Unterschale), Blume (Nuß) und Kappe (Schinkenspeck).

Ein ganzer, unzerteilter Katenschinken, wie man ihn leider nur selten findet, kann gut seine 20 Kilogramm wiegen. Zum Aufschneiden legt man ihn auf einen hölzernen Bock und schneidet nur dünne Scheiben davon ab. Das Fleisch ist kräftig rot und riecht angenehm nach Rauch; es ist aber zart, mild und von ganz leichter Süße. Der Salzgehalt sollte unter 7 Prozent liegen, manche Hersteller bringen es auf weniger als 5 Prozent.

Schwarzwälder Schinken – Tannengereift

Schwarzwälder Schinken, der nur aus dem Gebiet des eigentlichen Schwarzwaldes zwischen Pforzheim, Calw, Donaueschingen, Waldshut und Lörrach kommen darf, muß von sorgfältig ausgewählten und in ausgeruhtem Zustand geschlachteten Schweinen stammen. Sie dürfen nicht schnell gemästet sein.

Zur Sicherung der Qualität und der Herkunft hat sich, ähnlich wie in Italien die Consorzii del Prosciutto, ein Schutzverband der Schwarzwälder Schinkenhersteller in Freiburg etabliert. Nach dem Schlachten wird die Hinterkeule birnen- oder trapezförmig zugeschnitten und von den Knochen befreit. Häufig wird auch die Oberschale, das »Bäckle«, abgeschnitten. Er wird nun gut durchgekühlt. Zum Pökeln wird er trocken mit Salz, Nitritpökelsalz oder Salpeter sowie Gewürzen, insbesondere Wacholder, eingerieben und während der folgenden vier- bis sechswöchigen Lagerung häufig umgeschichtet. Kombinierte Trocken-

und Naßpökelung ist ebenfalls üblich. Er wird dann mit kaltem Wasser gewaschen und anschließend an der Luft getrocknet. Die Schinken müssen jetzt 1 bis 3 Wochen durchbrennen, bis sich das Salz im Innern verteilt hat und der Schinken durch den Wasserentzug, der sich während des Pökelns in der Absonderung der Lake gezeigt hat, merklich fester geworden ist. Danach wäscht und trocknet man die Schinken wiederum.

Die sich anschließende Kalträucherung mit Sägemehl aus Nadelholz führten die Bauern früher über Monate im Kamin durch. Der beißende Rauch ließ die Schinken aber einen unangenehmen Geschmack annehmen; außerdem bildeten sich bei dieser Methode krebsauslösende Stoffe, wie man heute weiß.

In den modernen Räuchereien werden die Schinken nur noch 4 bis 6 Wochen in reguliertem Rauch aus Tannen- oder Fichtenholzsägemehl unter Zugabe von frischen Tannenzweigen, Ginster, Wacholder und Gewürzen geräuchert. Auf diese Weise hergestellte Schinken sind gesundheitlich unbedenklich und stellen dann einen zarten, milden bis kräftig-aromatischen Rohschinken ohne Knochen dar. Er hat eine dunkle, fast schwarze Schwarte, sein Fleisch ist kräftig rot und läßt einen deutlichen Rauchgeruch erkennen. Die gut entwickelte weiße Speckschicht hat ein würziges, nußartiges Aroma.

Auf das Einschmieren der Fleischpartien mit einer Schmalz-Mehl-Paste, wie es bei den italienischen Luftgetrockneten üblich ist, kann beim Schwarzwälder verzichtet werden, weil ein fester, konservierender Rauchrand gebildet wird. Solche Schinken haben sich sogar als tropentauglich erwiesen.

Der Speckanteil beträgt beim Schwarzwälder 20 bis 25 Prozent mit einer Dicke von mindestens 3 Zentimetern, der Wasserverlust durch die Trocknung ebenfalls 20 bis 25 Prozent, und der Salzgehalt darf bis zu 15 Prozent betragen. Das Wasser-Eiweiß-Verhältnis sollte unter 2:1 liegen. Ein solcher Schinken wird durch die umrahmte Angabe »SCHWARZWÄLDER SCHINKEN« gekennzeichnet.

Ursprünglich stellten die Bauern im Schwarzwald gar keinen Schinken her, sondern bei der Hausschlachtung wurden ganze Schweinehälften gepökelt und im Kamin über Tannenholz geräuchert. Je nach Bedarf schnitt man sich davon Stücke für den täglichen Bedarf ab. Während diese Sitte heute nicht mehr zu finden ist, die Keule also abgetrennt und extra verarbeitet wird, hat sich an dem Brauch, den Schinken zu verkosten, nichts geändert: Zur Vesperzeit wird Schwarzwälder Schinken in einer dicken Scheibe auf einem Holzbrett serviert. Von der Scheibe wird die Schwarte entfernt, und quer dazu werden feine Streifen mit dem Speck abgeschnitten. Dazu werden dunkles Brot und Kirschwasser gereicht. Eine Gabel ist nicht nötig, denn man ißt die Schinkenstreifchen mit der Hand, so ist es zünftig!

Ammerländer Schinken – Unter dem Reetdach

Zwischen Weser und Ems, westlich von Oldenburg, liegt das vom Nordseewind durchfegte Ammerland. Dort werden seit alters Schinken unter dem reetgedeckten Dach geräuchert. Die Bezeichnung Ammerländer Schinken darf heute nur für im Landkreis Ammerland nach bestimmten

Regeln hergestellte geräucherte Rohschinken verwendet werden.

Schinken, die unter dem Reetdach eines Ammerländer Rauchhauses im Kaltrauch eines offenen Feuers gereift wurden, heißen Ammerländer Katenschinken oder Ammerländer Dielenrauchschinken. Das Reetdach eines solchen Rauchhauses besteht aus einer dicken Schicht Schilfgras. Diese Schicht wirkt als Feuchte- und Temperaturspeicher. Bei großer Kälte friert das Reetdach von außen zu, und die Wärme bleibt drin. Sommerliche Hitze treibt einen Teil der gespeicherten Feuchte wieder in den Rauchraum zurück. So wird die Luft in der Umgebung der Schinken nie zu trocken oder zu kühl. Heutzutage unterstützen technische Vorrichtungen die regulierende Funktion des Reetdaches.

Zur Herstellung von Ammerländer Schinken benötigt man Keulen von Schweinen, die so gehalten, gefüttert und geschlachtet werden, daß Schinken in Spitzenqualität erzeugt werden können. Nach dem Schlachten werden die Keulen oben oval zugeschnitten und vom Eisbein befreit. Die Oberschale bleibt dran, die Knochen je nach Nachfrage ebenfalls.

Mit Meersalz, braunem Zucker, Pfeffer, Wacholder und anderen Gewürzen werden die Schinken nun eingerieben (Trockenpökelung). Naßpökelung ist ebenfalls erlaubt. Nach dem Einsalzen müssen die Schinken 2 Wochen im Kühlraum durchbrennen. Bei etwas höherer Temperatur reifen sie nun weitere 6 Wochen nach. Knochen- und Katenschinken erfordern mindestens 8 Wochen Reifezeit.

Dann ist die Zeit zum Räuchern gekommen. Der kalte, milde Rauch stammt aus heimischen Hölzern und Gewürzen wie Buche, Esche oder Erle bzw. Wacholder und Heidekraut und umspielt die unter der Decke hängenden Schinken. Dabei profitieren die Schinken auch von den im Reetdach und in den Ziegelwänden gespeicherten Duftstoffen ihrer vielen Vorgänger.

Die fertigen Ammerländer haben eine schöne goldbraune äußere Speckfarbe, und der Speck weist ein leichtes Raucharoma auf. Außen ist das Fleisch hellrötlichbraun und im Anschnitt kräftig rötlich. Damit ein solcher Qualitätsschinken ausreichend abgetrocknet ist, darf das Wasser-Eiweiß-Verhältnis nicht mehr als 2,5:1 betragen.

Ebenso alt wie die Herstellungsmethode von Ammerländer Schinken ist die Art, wie man ihn verspeist: »Den Klaren in der Linken und rechter Hand den Schinken.« In der linken Hand hält man nämlich einen Zinnlöffel mit einem klaren Schnaps aus dem Ammerland und rechts eben eine nicht zu dünne Scheibe Schinken. Und wenn der aufgegessen ist, hält die Rechte ein kühles Bier.

Ob ein luftgetrockneter oder ein geräucherter Rohschinken vom Genießer bevorzugt wird, ist letztlich eine Frage des persönlichen Geschmacks. Zu den besten gehören jedenfalls die luftgetrockneten Schinken aus Italien und die geräucherten Schinken aus Deutschland.

Grundzüge und Hintergründe der Schinkenherstellung

Der Leser wird bis zu dieser Stelle bemerkt haben, daß sich die Herstellung von Rohschinken und gekochtem Schinken nach folgendem Schema beschreiben läßt:

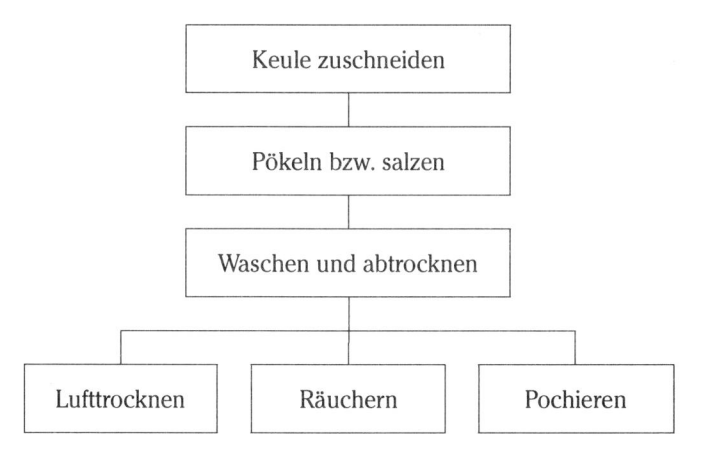

```
┌─────────────────────────┐
│   Keule zuschneiden     │
└───────────┬─────────────┘
            │
┌───────────┴─────────────┐
│   Pökeln bzw. salzen    │
└───────────┬─────────────┘
            │
┌───────────┴─────────────┐
│  Waschen und abtrocknen │
└───────────┬─────────────┘
      ┌─────┼─────┐
┌─────┴──┐ ┌┴────┐ ┌┴────────┐
│Lufttr. │ │Räuch│ │Pochieren│
└────────┘ └─────┘ └─────────┘
```

Diese einzelnen Schritte werden nun unter technischen, biologischen und chemischen Aspekten dargestellt. Zur Qualität von Schinken tragen außerdem die Schweinerasse, die Haltung und Fütterung der Tiere sowie ganz besonders die Umstände der Schlachtung bei.

Schweinerassen, ihre Fütterung und Haltung

Besondere Rassen für die Herstellung von Schinken werden nicht gezüchtet. Wohl aber achtet man auf eine schöne Form der Hinterkeule. Begehrt sind möglichst rundliche Schinken, die sogenannten Apfelschinken.

Rein von der Keulenform her ist das »Pietrain-Schwein« oder die »Belgische Landrasse« am besten zur Schinkenproduktion geeignet. Da diese Rassen jedoch sehr streßanfällig sind und somit die Fleischqualität nach dem Schlachten sehr absinken kann, kreuzt man Eber dieser Rasse mit Sauen einer Landrasse, z.B. der »Deutschen Landrasse«, die in der Regel gute Keulenqualität erbringen.

Edelrassen wie das »Deutsche Edelschwein«, das »Long White« und das »Yorkshire-Schwein« zeigen zwar eine ausgezeichnete Fleischqualität, werden aber wegen ihrer nur flachen, länglichen Keulen leider kaum zur Schinkenherstellung verwendet.

Bei der Schweinezüchtung hat man es generell mit widersprüchlichen Anforderungen des Normalverbrauchers zu tun. Viel Schinkenfleisch und wenig Fett bedeutet eigentlich immer einen erheblichen Verlust an Qualität. Außerdem wird der Schweinemäster hierzulande praktisch nur nach der Menge des Muskelfleisches am Schwein, nicht nach dessen Qualität bezahlt. Inzwischen hat sich aber vor allem bei den norddeutschen Schinkenherstellern ein gegenläufiger Trend entwickelt.

Zur Zucht von Schlachtrassen werden streßresistente Mutterrassen mit geringem Muskelanteil, aber großer Vitalität, und fleischreiche Reinzucht- oder Kreuzungseber verwendet. Neben den obengenannten Rassen spielen auch noch die »Hampshire«, »Duroc« und »Seghers« eine gewisse Rolle.

Schweine aus der Schnellmast oder der Frühmast sind für die Schinkenherstellung kaum geeignet, da sie eher nasses Fleisch liefern, im Gegensatz zu den Spätmasttieren. Die Tiere bekommen heute Mischfutter aus den Futtermühlen oder hofeigene Produkte wie Kartoffeln, Mais, Gerste und Molke. Sie werden in Ställen mit Spaltenböden oder sogenannten Offenfrontställen gehalten. Wie sich die Haltung auf die Schinkenqualität auswirkt, ist unbekannt. Es gibt auch kaum Untersuchungen über den Einfluß der Fütterung auf den Schinken.

Die Schlachtung und das Fleisch

Für die Schinkenqualität haben außer den Einflußfaktoren Rasse und Fütterung auch das Alter des Tieres und sein körperlicher und psychischer Zustand im Augenblick des Schlachtens eine Bedeutung.

Je nach Land gibt es verschiedene Vorschriften für das Mindestgewicht vor dem Schlachten. Gleichwohl werden die Tiere meist im Alter von 8 bis 14 Monaten geschlachtet. Dann ist das Muskelfleisch weder zu hell noch zu dunkel, weder zu weich noch zu trocken. Aber auch bis zu dreijährige Schweine sind noch zur Schinkenherstellung geeignet, obwohl ihr Fleisch zum Kurzbraten schon zu zäh wäre.

Ganz wesentlich ist es für die Fleischqualität, daß die Schweine »zartfühlend« aus ihrer gewohnten Umgebung zum Schlachthof gebracht werden. So hat sich schon eine zu steile Rampe zum Transport-LKW negativ auf die Qualität ausgewirkt. Nach der Ankunft auf dem Schlachthof müssen die Tiere mindestens 8 Stunden ausruhen können. Das Schlachten muß möglichst schonend mit vorheriger Betäubung geschehen.

Durch den Schlachtstreß und nach dem Schlachten reichert sich Milchsäure im Muskelgewebe an, was zum Ansteigen des Säuregehaltes (Absenkung des pH-Wertes) und zum Zusammenziehen der Muskelfasern führt. Gleichzeitig werden die Zellverbände aufgelockert, und es tritt Flüssigkeit aus den interzellulären Zwischenräumen aus. Diese Vorgänge sind gerade zur Schinkenherstellung erwünscht, da bei der nachfolgenden Pökelung das Salz viel leichter in das Gewebe eindringen kann. Außerdem soll man einen Tag vor der Schlachtung kein Futter mehr und in den Tagen davor kohlehydratreiches Futter geben.

Im Detail ist es so, daß nicht nur der pH-Wert selbst, sondern auch sein Verlauf nach dem Schlachten von großer Bedeutung für die Fleischqualität ist. Nach einer Stunde soll er noch über 5,8, nach 24 Stunden zwischen 5,6 und 5,3 liegen. Damit sind die Vorbedingungen für gutes Safthaltevermögen, kräftig rote Fleischfarbe, gute Festigkeit und Haltbarkeit gegeben.

Zur Herstellung von Rohschinken benötigt man Schweinekeulen mit fettem, festem, kräftig rosa bis rotem Fleisch ohne blutunterlaufene Stellen. Beim Knochenschinken wird nur der Beckenknochen ausgelöst, bei anderen Rohschinken auch die restlichen Knochen (so in der Bundesrepublik, nicht aber in Italien). Die Keule wird nun nach produktionstypischen Merkmalen rund geschnitten, und das restliche Blut wird aus den Adern gedrückt. Das Stück muß nun sofort in einem Kühlraum auf 0 bis 2 Grad Celsius herabgekühlt werden, sonst wird es später stickig, oder der Speck verfärbt sich grünlich. Der Kühlvorgang dauert einen Tag. Dann kann der Schinken gepökelt werden.

Will man gekochten Schinken herstellen, so sollte man nicht herabkühlen, sondern möglichst schlachtwarm innerhalb von 2 Stunden nach dem Schlachten pökeln.

Pökeln und Salzen

Unter Pökeln versteht man heute das Behandeln von frischem, rohem Fleisch mit Kochsalz, Salpeter oder Nitritpökelsalz sowie einigen Hilfsstoffen. Auch das bloße Einsalzen wird oft als Pökeln bezeichnet. Im ersten Herstellungsstadium und auch später nach Ende der Reifung hängt die Abwehrkraft eines Schinkens gegen Mikroorganismen, d. h. seine Haltbarkeit, von folgenden Faktoren ab:
▷ Der Wassergehalt, genauer der Gehalt an freiem Wasser, muß möglichst klein sein. Er wird durch den sogenannten a_w-Wert dargestellt. Bei Schinken soll er bei 0,9 liegen. Der a_w-Wert kann durch Salzzugabe oder durch Trocknung reguliert werden.
▷ Der Säuregehalt des Schlachtfleisches muß schnell auf Werte unter pH = 6 gebracht werden. Im fertigen Schinken soll der pH-Wert um 5,5 bis 5,7 liegen.
▷ Die Temperatur muß im Anfang niedrig sein, um die Vermehrung von Mikroorganismen zu bremsen.

Die Faktoren werden anfangs durch richtiges Pökeln/ Salzen gesteuert. Das Pökeln hat nun nicht nur das Ziel, das Fleisch zu konservieren, sondern dabei laufen bakterielle und biochemische Prozesse ab, welche zu Geschmack, Geruch, Saftigkeit und Konsistenz des späteren Schinkens wesentlich beitragen. Augenfällig ist dabei die Ausbildung einer kochstabilen, roten Pökelfarbe.

Durch das Salzen wird auch das Fleischeiweiß aufgeschlossen – der Fachmann sagt »denaturiert« – und dadurch bekömmlicher gemacht, weil die großen Glykogenmoleküle in kleinere Eiweißmoleküle zerlegt werden.

Das Pökeln muß in Räumen mit niedriger Temperatur (4 bis 8 Grad Celsius) erfolgen. Da dabei die Luftfeuchte verfahrensbedingt recht hoch ist, müssen bestimmte hygienische Bedingungen zur Vermeidung von Schimmelbildung und Bakterienwachstum eingehalten werden.

Zum Pökeln sind hierzulande folgende Stoffe zulässig:
▷ Kochsalz als Stein-, Siede- oder Meersalz.
▷ Salpeter (Kaliumnitrat) nur für große Schinken.
▷ Nitritpökelsalz, zu 99,5 Prozent aus Kochsalz und zu 0,5 Prozent aus Natriumnitrit bestehend.
▷ Zucker (auch Verwendung von Honig ist in einigen Gebieten üblich).
▷ Gewürze (Wacholder, Thymian, Rosmarin, Koriander u.a.).

Es gibt das Trocken-, Naß- und Schnellpökeln. Wenn auch die großen Schinken nur trockengepökelt werden, sollen die drei Arten doch geschildert werden.

Beim *Trockenpökeln* wird das gut gekühlte Fleisch nur mit Salz oder mit Pökelsalz eingerieben. In beiden Fällen bekommt das Fleisch später eine stabile, kräftig rote Farbe.

Der Fachmann nennt das »Umröten«. Dabei werden bei Nitrit- oder Nitratpökelung der rote Fleischfarbstoff Myoglobin und der rote Blutfarbstoff Hämoglobin in Nitrosomyglobin bzw. Nitrosohämoglobin umgewandelt. Das frische Fleisch muß ausgereift sein; das bedeutet, daß der pH-Wert nicht über 5,8 liegen darf. Das Blut muß ausgedrückt worden sein. Will man gekochten Schinken herstellen, soll der pH-Wert dagegen möglichst hoch liegen. Dann ist das Quellvermögen der Muskelfasern besser, und die Wasserbindung des Schinkens wird günstiger.

Die Zugabe von Kochsalz wirkt nicht nur bakterienhemmend, sondern verbessert auch den späteren Geschmack und beeinflußt die Eiweißquellung des Schinkens günstig und trägt damit zu seiner Festigkeit bei. Salpeter wandelt sich infolge Bakterieneinwirkung in Nitrit um, das das Braunwerden des Hämoglobins verhindert. Salpeter dient daher zum dauernden »Nachschieben« von Nitrit, wenn das anfangs entstandene oder zugegebene Nitrit verbraucht ist. Nach einiger Zeit entsteht durch den Wasserentzug die sogenannte Eigenlake, die vom Schinken herabtropft und entweder abfließen kann oder sich am Boden des Pökelgefäßes sammelt. Man kann den Schinken von Zeit zu Zeit mit seiner Eigenlake begießen. Während der Pökelzeit von bis zu 6 Wochen wird der Schinken öfter gewendet bzw. in andere Behälter umgelagert. In dieser Zeit ist es wichtig, daß die Schinken möglichst so lange kühl (4 bis 8 Grad Celsius) gehalten werden, bis das Kochsalz durch Diffusion im Innern angekommen ist. Das geht am schnellsten, wenn die Salzmenge außen möglichst hoch ist. Jedoch kann die Salzmenge nicht beliebig erhöht werden, weil der Schinken sonst zu salzig würde.

In früheren Zeiten wurden die Schinken mit grobem Salz eingerieben, in einen offenen Holztrog gelegt und mit einem beschwerten Deckel bedeckt. Dies war eine Pökelung in Eigenlake.

Beim *Naßpökeln* wird der Schinken oder werden Teile davon in eine Salzlake mit je nach Landschaft verschiedenen Gewürzen gelegt. Der Kochsalzgehalt muß 50 bis 65 Gramm pro Liter betragen. Die Lake muß vor der Anwendung aufgekocht werden, um Mikroorganismen abzutöten.

Der Pökelraum darf höchstens 8 Grad Celsius warm sein und muß gut belüftet sein. Auch hier müssen die Schinken öfter gewendet werden. Nach dem Pökeln wird das Fleisch aus dem Gefäß genommen und die eventuell aufgetretene graue, schleimige Schicht abgekratzt.

Beim kombinierten Trocken- und Naßpökeln wird zunächst trockengepökelt, nach einiger Zeit mit Lake übergossen. Oder man führt zuerst Spritzpökeln durch und pökelt dann trocken. Dieses Verfahren wird heutzutage häufig angewendet, weil es eine schnelle Durchdringung des Fleisches mit Salz garantiert und somit Verluste vermeidet. Das anschließende Trockenpökeln entzieht dem Fleisch die zugeführte Flüssigkeit wieder.

Beim *Schnellpökeln* gibt es das Muskel- oder das Aderspritzverfahren; auch die Pökelung unter Vakuum oder Überdruck gilt als Schnellpökelverfahren. Man spritzt mit einer Injektionsspritze Salzlake (80 Gramm/Liter) in Abständen von wenigen Zentimetern in die Muskelpartien oder in die Hauptadern. Etwa 20 Prozent des Schinkengewichtes werden an Lake zugegeben. Nach 2 bis 6 Tagen Ruhen in Lake wird der gespritzte Schinken herausgenom-

*Für Rohschinken gibt es in Frankreich drei
Kategorien; luftgetrocknete Schinken erster Qualität
benötigen mindestens 210 Tage Reifezeit.*

Jede Region in Frankreich hat seine eigene Schinkenspezialität. Der französische Rohschinken (Abb. links) reift nach dem Einreiben mit trockenem Salz einen Monat liegend, damit das Salz in das Fleisch eindringen kann.

men, abgetrocknet und meist zu gekochtem Schinken weiterverarbeitet.

Schnellgepökelte Schinken sind von wesentlich geringerer Haltbarkeit als trockengepökelte. Deshalb werden luftgetrocknete und geräucherte Schinken auf diese Weise nicht hergestellt.

Nach Anwendung eines der verschiedenen Pökelverfahren müssen die Schinken »durchbrennen«, d. h., die Pökelstücke müssen genug Zeit haben, um sich gleichmäßig im Fleisch verteilen zu können. Sie werden dazu im Brennraum bei 5 bis 6 Grad Celsius und geringer Luftfeuchte etwa eine Woche gelagert. Zwischendurch muß die Temperatur auch einmal höher (bis 12 Grad Celsius) sein, damit die Pökelröte auch im Fleischkern gebildet wird. Die Pökelfarbe ist nun dauerhaft, und das Fleisch ist mürbe.

Die Dosierung des Salzes zu Anfang des Pökelns ist nicht nur vom Gewicht des Schinkens, sondern auch von der Struktur und dem Wassergehalt des Rohfleisches, dessen pH-Wert und anderen Faktoren abhängig. Im Idealfall sollte ein Schinken am Ende der Reifung mindestens 4,5 Prozent und höchstens 6 Prozent Kochsalz (in der Trockenmasse) aufweisen. Da dies nicht immer gelingt, werden Schinken mit höherem Salzgehalt vor der Weiterverarbeitung je nach Salzgehalt einige Stunden bis einen Tag lang in kaltem fließendem Wasser gewässert und dann für einige Tage in einem belüfteten Raum zum Trocknen aufgehängt. Diese Prozedur laugt den Schinken allerdings etwas aus, da das Fleisch schon relativ fest geworden ist. Besser ist es natürlich, den Schinken nach dem Durchbrennen nur warm abzuwaschen. Danach kann der Schinken luftgetrocknet, geräuchert oder pochiert werden.

Reifung durch Lufttrocknen

Erstklassige Qualität bei luftgetrockneten Knochenschinken erfordert nach einer alten Faustregel pro Kilogramm Gewicht mindestens einen Monat Hängenlassen in reiner, möglichst trockener Luft. Ein 10 Kilogramm schwerer Schinken sollte also mindestens 10 Monate lufttrocknen. Damit das charakteristische Aroma voll ausgebildet werden kann, sollten daher in jedem Fall 9 Monate nicht unterschritten werden. Längere Reifezeiten bis zu 18 Monaten bringen einen weiteren Aromagewinn, den der Feinschmecker besonders schätzt, aber auch mit einem wesentlich höheren Preis (bis 25 DM pro 100 Gramm) bezahlen muß.

Es ist allgemein bekannt, daß solche Schinken einen warmen Sommer erfahren haben müssen. Dabei sollten Perioden über 30 Grad Celsius nicht allzulang sein, damit das Fett nicht ranzig wird. Es ist klar, daß mit derart optimalen Klimabedingungen für Wind, Temperatur und Luftfeuchte nur wenige Gegenden gesegnet sind. Nimmt man noch die notwendige Reinheit der Luft hinzu, so schmilzt die Anzahl der geeigneten Gebiete in Europa stark zusammen. Kürzlich haben sogar die Hersteller von Parma, San Daniele und Veneto einen Alarmruf an die italienische Regierung losgelassen, in dem über die zunehmende Luftverschmutzung geklagt und ein Verbot der Ansiedlung verursachender Betriebe verlangt wird. Man mag sich gar nicht ausmalen, wie sich die steigende Ozonkonzentration in der unteren Atmosphäre auf die Luftreifung von Schinken auswirkt: Frühzeitiges Ranzig- und Stickigwerden ist da nicht ausgeschlossen. Insofern kann man es verstehen, wenn der Trend immer mehr in Richtung des Lufttrocknens bei künstlichem Klima und in synthetischer Luft geht.

Zur Herstellung speziell luftgetrockneter Schinken nimmt man Schweinekeulen, an denen noch etwa 5 Zentimeter des Fußes haften. Der Hüftknochen wird so aus der Keule gelöst, daß im Schinkenfleisch keine Vertiefungen entstehen. Der Schinken wird oben rund geschnitten, wobei die Hüfte zu zwei Dritteln entfernt wird. Allerdings hat jede Region ihre eigene typische Schnittweise. Nach dem Zuschneiden muß das Fleisch auf eine Innentemperatur von 1 bis minus 4 Grad Celsius abgekühlt werden. Es wird dann in einem besonderen Pökelraum bei einer Raumtemperatur von 0 bis 2 Grad Celsius und 80 Prozent relativer Luftfeuchte mit Salz oder Pökelsalz eingerieben und auf Roste gelegt.

Nach einigen Wochen Pökeldauer werden die Schinken leicht gepreßt, um das restliche Blut auszudrücken. Zwischendurch muß der Schinken einige Male kalt abgewaschen und erneut eingesalzen werden. Nach dem Pökeln läßt man den Schinken kurz bei einer Temperatur von 20 bis 30 Grad Celsius trocknen. Anschließend soll er bei anfänglich 8 bis 12 Grad Celsius und 60 bis 70 Prozent relativer Feuchte hängend reifen.

Damit er nicht zu stark austrocknet, können die fleischigen Teile mit Schmalz bestrichen werden. Später sind Temperaturen von 12 bis 14 Grad Celsius und Feuchten von 70 bis 80 Prozent optimal. Die Luftströmung im Bereich der hängenden Schinken beträgt dabei nur 0,1 Meter pro Sekunde. Föhn und Sturm sind nicht erwünscht, weil bei hohen Windgeschwindigkeiten und niedriger Feuchte schnell Trockenränder entstehen.

Räuchern: Kalt, warm oder heiß

Das Räuchern, das man in Süddeutschland auch Selchen nennt, soll gepökeltem oder gesalzenem Fleisch sowohl eine besondere Farbe, einen bestimmten Geschmack und Geruch als auch eine größere Haltbarkeit verleihen. Die äußere Schinkenfarbe entsteht durch die Einwirkung verschiedener Bestandteile des Rauches, vor allem von Carbonylen, Phenolaldehyden, Stickstoffoxiden und rußhaltigen Aerosolen. Aus dem Rauch stammendes Kohlenstoffmonoxid lagert sich dabei am Fleischfarbstoff Myoglobin an, ähnlich wie es das Stickstoffmonoxid aus dem Pökelnitrit tut. Die Ausbildung des Aromas wird wesentlich durch Phenole und Carbonylverbindungen beeinflußt. Für die konservierende Wirkung sind die Stoffe Formaldehyd, Ameisen- und Essigsäure sowie Phenole verantwortlich.

Das Resultat des Räucherns kann sehr unterschiedlich ausfallen. Die Oberflächenfarbe kann von Gelblich über Braun bis Schwarz reichen. Der fertige Schinken kann eine sehr breite Geruchs- und Geschmackspalette aufweisen, weil allein der Rauch eine sehr variable Zusammensetzung hat. Zusätzlich können in den wenigen Millimetern der Außenschicht des Schinkens zahlreiche chemische Reaktionen der eindringenden Rauchbestandteile mit den Fleischinhaltsstoffen stattfinden. Daher dürfte es einleuchtend sein, daß sehr viel Erfahrung zur Herstellung eines geräucherten Qualitätsschinkens erforderlich ist.

Eine wesentliche Voraussetzung zur Herstellung ist ein solide gepökelter Hinterschinken, den man etwa 2 Tage in einem luftigen Raum trocknen lassen soll. Auch das zur Rauchentwicklung benutzte Holz, Sägemehl oder Geäst muß trocken sein, weil sich andernfalls zuviel Wasserdampf entwickelt und dadurch das Fleisch zu feucht wird. Grüne Zweige oder Blätter eignen sich nur zum Heißräuchern. Der Zusatz von Torf zum Räuchermaterial ist heute verboten.

Im 19. Jahrhundert wurden geräucherte Schinken trotz gestiegener Produktionsmengen noch handwerklich hergestellt. Ein sehr großer Anteil entstammte der bäuerlichen Herstellung, bei der die Bauern die Schinken einfach in den Kamin oder die Räucherkate hängten. In den modernen Räuchereien ist trotz aller Technik das Grundrezept das gleiche geblieben: Zum Räuchern läßt man Sägemehl von Laubhölzern, Holzspäne, naturbelassenes Holz in Scheiben, trockene Zweige von Heidekraut, Ginster oder Wacholder und zuweilen Tannen- oder Fichtenzapfen glimmen. Dabei gibt man auch Gewürze wie Salbei, Thymian, Rosmarin, Lavendel, Wacholder, Nelken, Piment und Pfeffer hinzu. Vor allem Buchen- und Eichenholz sind als Basismaterial üblich. Jede Holzart erzeugt eine andere Oberflächenfarbe. Ein schönes Aroma wird durch Zugabe von Wacholderzweigen und -beeren bewirkt. Räuchert man im sogenannten Kaltverfahren, so dauert diese Prozedur 5 bis 10 Wochen oder noch länger.

Je nach Temperatur des Rauches spricht man vom Kalt-, Warm- oder Heißräuchern. Beim Kalträuchern liegt die Rauchtemperatur bei 15 bis 18 Grad Celsius. Die Raucherzeugung geschieht dadurch, daß auf glühende Buchen- oder andere Hartholzscheite (Eiche, Ahorn, Hickory) Sägemehl und darauf Sägespäne in dicker Schicht zum Glimmen aufgebracht werden. Dieses Verfahren ist für lang haltbare Schinken erforderlich. Das entstehende Raucharoma ist hervorragend. Was das Raucharoma und die hygienisch günstigste Rauchzusammensetzung angeht, haben sich Glimmtemperaturen von 300 bis 500 Grad Celsius als am günstigsten erwiesen. Bei Rauchtemperaturen über 22 Grad Celsius können sich unerwünschte Bakterien auf der Schinkenoberfläche zu stark vermehren. In Gebieten mit heißem Sommerklima ist daher das Räucherverfahren eher ungeeignet.

Doch nicht nur die Temperatur, sondern auch die Luftfeuchte und die Luftzirkulation haben Einfluß auf die Haltbarkeit und Qualität des Räucherschinkens. Zu Beginn des Kalträucherns soll die relative Feuchte des Rauchgases etwa 85 Prozent, später 80 bis 75 Prozent betragen. Niedrigere Werte führen zum Austrocknen der äußeren Fleischschicht und zu unschönen Trockenrändern. Heute wird das Räuchern nur noch in Räucherkammern vorgenommen, in denen man Temperatur, Feuchte, Rauchdichte und Rauchströmung unabhängig vom Außenklima regeln kann. Rohschinken wird nur kaltgeräuchert.

Das Heißräuchern ist eine Methode, mit der manche gekochten Schinken vor dem Garen behandelt werden. Die Rauchtemperatur beträgt 50 bis 80 Grad Celsius, kurzfristig auch 90 Grad Celsius. Je nach Temperatur dauert das Heißräuchern einige Minuten bis zu 2 Stunden. Warmräuchern (25 bis 60 Grad Celsius) wird bei Schinken nicht angewendet. Beim Schwarzräuchern wird zerkleinertes Nadelholz oder harzhaltiges Sägemehl zur Raucherzeugung verwendet. Es lagern sich dabei Ruß und Teer auf dem Schinken ab, was gesundheitlich nicht ganz unproblematisch ist. Schwarzwälder Schinken ist ein typisches Produkt dieser Methode.

Gekochter Schinken – Nicht gekocht

Zur Herstellung von gekochtem Schinken benötigt man eine gut durchgepökelte Hinterkeule oder einen Vorderschinken (Schulter) ohne Knochen. Die Knochen werden vor dem Pökeln herausgeschnitten. Das Fleisch sollte von nicht zu alten, gut gefütterten Schweinen stammen. Der Schinken wird noch schlachtwarm spritzgepökelt und nach dem Pökeln gelegentlich eine halbe Stunde vor dem Garen heißgeräuchert. Wird er nicht geräuchert, so wäscht man ihn ab, läßt ihn abtrocknen und legt ihn in eine quader-, ei- oder birnenförmige Preßform und pochiert ihn bei höchstens 80 Grad Celsius. Nach eintägigem Abkühlen wird der Schinken herausgenommen. Er bleibt so etwa eine Woche frisch.

Die Qualität des Schinkens ist abhängig von der Schweinerasse, der Haltung und Fütterung der Tiere sowie von den Umständen der Schlachtung. Das frische Fleisch wird dann gepökelt bzw. gesalzen, gewaschen und abgetrocknet. Danach kann der Schinken luftgetrocknet, geräuchert oder pochiert werden.

Biologisches vom Schinken und etwas Chemie

Bei allen Schritten der Schinkenherstellung sind Mikroorganismen zugegen. Viele von ihnen sind sogar notwendig zu seiner Reifung. Schinken ist also ein »lebendes« Produkt, sofern sein Leben nicht durch eine Vakuum-Plastikverpackung abgewürgt wurde. Zur Konservierung und Geschmacksverfeinerung werden neben dem Salz noch einige andere, teils schon genannte Zusatzstoffe gebraucht, die jedoch gesundheitlich unbedenklich sind, sofern der vom Gesetzgeber streng geregelte Rahmen eingehalten wird.

Mikroorganismen zur Aromaverfeinerung

Die mikrobiologische Beeinflussung des Schinkenfleisches beginnt kurioserweise schon vor dem Schlachten des Schweines. Damit nämlich das rohe Keulenfleisch ausreichend keimarm ist, d.h. weniger als 10000 Keime pro Gramm aufweist, muß es von ausgeruht geschlachteten, gesunden Schweinen stammen. Beim Schlachten solcher Tiere fällt der pH-Wert des Fleisches von etwa 7,1 auf etwa

5,6 ab, es wird also saurer. Die wichtigsten normalerweise auf Fleisch vorkommenden Mikroorganismen sind die milchsäureerzeugenden Laktobazillen sowie einige Mikrokokkenarten. Letztere bewirken u. a. die Umwandlung von Nitrat zu Nitrit und verhindern das Ranzigwerden des Fettes. Diese natürliche Säuerung (Absenkung des pH-Wertes) trägt wesentlich zur ersten Konservierungsstufe nach dem Schlachten bei, weil die Lebensbedingungen für die meisten Bakterienarten sehr ungünstig in saurem Milieu sind. Die nachfolgende schnelle Kühlung des Schinkens auf Werte um 0 Grad Celsius hemmt zusätzlich die Vermehrung von Keimen.

Dann wird der Schinken eingesalzen, und durch das ins Innere eindringende Salz wird die Bakterienentwicklung weitgehend unterbunden. Zwar reicht die Endkonzentration von mehr als 5 Prozent Kochsalz im Fleisch nicht aus, um vorhandene Keimmassen in nennenswertem Ausmaß zu töten, aber gesundes Fleisch ist praktisch steril, zumindest im Innern.

Nach dem Salzen oder Pökeln kann man jedenfalls annehmen, daß verderbnis- oder fäulniserregende Bakterien ausgeschaltet sind und der Schinken luftgetrocknet oder geräuchert werden kann. Gleichwohl sind noch geringe Restmengen von Laktobazillen und Mikrokokken im Schinken vorhanden. Bei längerer Reifezeit tragen sie deutlich zur Ausbildung des Aromas bei.

Man kann sich leicht vorstellen, daß das Mikroklima, das den Schinken während seiner Reifung »umfächelt«, auch die Auslese der dominierenden Bakterienarten steuert. In Parma wird man unter den gegebenen Klimabedingungen eine völlig andere Palette von Mikroorganismen in der Luft vorfinden als in Holstein. Deshalb wird es kaum möglich sein, in Holstein Parmaschinken herzustellen.

Vom pH-Wert und vom Abtrocknungsgrad unabhängig sind die an der Oberfläche lebenden Schimmelpilze und Hefen. Deren Bildung wird in feuchten Räumen begünstigt. Wenn die Temperatur in der Trocknungs- oder Reifephase nicht zu hoch und der Schinken ungeräuchert ist, findet man außen am Schinken vorwiegend die Arten Penicillium und Aspergillus vor. Dies ist aber nicht unerwünscht, denn diese Oberflächenflora bremst das Ranzigwerden des Fettes, schafft ein günstiges Mikroklima auf der Oberfläche und fördert die Entwicklung eines charakteristischen Geruchs und Geschmacks.

Innereien im Schinken

Obwohl die Aufzählung von chemischen Verbindungen im Zusammenhang mit Lebensmitteln heutzutage allzuschnell zu der Vermutung führt, wieder einmal sei ein Großangriff der chemischen Industrie auf die Gesundheit entdeckt worden, soll hier aufgezeigt werden, woraus Schinken besteht, welche Zusätze zugelassen sind und was sonst noch in ihm zu finden ist.

Die Hauptbestandteile in der Lebensmittelchemie sind Eiweiß, Kohlehydrate und Fett. Kohlehydrate sind in gekochtem oder rohem Schinken praktisch nicht enthalten, es sei denn, beim Pökeln wurde Zucker zugesetzt. Gekochter und roher Schinken besteht also überwiegend aus Fett, Eiweiß und Wasser, sein Brennwert kann jedoch stark schwanken.

Hauptbestandteile und Brennwert ausgewählter Schinken

	Eiweiß	Fett	Wasser	Brennwert
	(jeweils in Prozent)			je 100 Kilogramm
Roher Knochen- schinken	16–30	25–35	40–45	1400–1700 Kilojoule
Lachsschinken	18–20	7–10	65–70	600–1000 Kilojoule
Gekochter Schinken	19–21	12–15	60–65	800– 900 Kilojoule
Bündner Fleisch	35–42	9–12	40–45	1000–1300 Kilojoule

Wenn man aus Diätgründen die sichtbaren Fettanteile abschneidet, sollte man bei der Abschätzung des Brennwertes nicht vergessen, daß auch das im Fleisch verborgene intramuskuläre Fett einen Anteil von 2 bis 6 Prozent haben kann. Ohne die Fett- und Schwartenschicht besteht die Schinkenkeule zu 75 Prozent aus Wasser, 19 Prozent aus Fleischeiweiß, 1 Prozent aus Bindegewebseiweiß, 5 Prozent aus Fett und etwa 1 Prozent aus Salz und anderen Mineralsalzen.

Zwar ist die Angabe des Salzgehaltes von Schinken nirgendwo vorgeschrieben, und kaum ein Hersteller gibt ihn auf dem Etikett an, aber viele Verbraucher mit Bluthochdruck oder Nierenkrankheiten müssen dem Salz hohe Aufmerksamkeit widmen. Leider geben die Lebensmittelchemiker den Salzgehalt in bezug auf die »Trockenmasse« (i.Tr.) an, was bei Schinken bedeutet, daß sie ihn bei 110 Grad Celsius von seinem Wasser befreien und dann seinen Natriumchloridgehalt messen. Für den Verbraucher ist aber diese Meßzahl unsinnig, weil er ja seinen Schinken mit dem naturgegebenen Wasser, also sozusagen verdünnt, verzehrt. Der Salzgehalt von Knochenschinken kann von

4 bis 17 Prozent i.Tr. schwanken, im gekauften Schinken sind das dann deutlich weniger, nämlich zwischen 2 und 12 Prozent je nach Wassergehalt.

Schinken, wie überhaupt Schweinefleisch, enthält recht viel Vitamin B_1, verglichen mit anderen Fleischarten. Auch der Gehalt an den Spurenelementen Kalium, Kupfer, Phosphor und den Vitaminen A, E, B_2, B_6 und B_{12} ist deutlich höher als bei anderen Lebensmitteln.

Wichtige Vitamine/Minerale im Rohschinken (100 Gramm)

Kalium	250	Milligramm
Phosphor	160	Milligramm
Calcium	10	Milligramm
Niacin	4	Milligramm
Eisen	3	Milligramm
Vitamin B_1 (Thiamin)	0,5	Milligramm
Vitamin B_2 (Riboflavin)	0,2	Milligramm

Mit etwa 70 Milligramm pro 100 Gramm ist der Cholesteringehalt im Schinken viel niedriger als z.B. in Eiern (270 Milligramm/100 Gramm) oder Kaviar (300 Milligramm/100 Gramm). Von einer Gefährdung durch Cholesterin kann also bei normalen Verzehrgewohnheiten keine Rede sein.

In der Bundesrepublik Deutschland und auch in den meisten europäischen Ländern sind als Zusatzstoffe zur Schinkenherstellung nur wenige Stoffe zugelassen, nämlich Kochsalz, Zucker, Nitritpökelsalz, Salpeter (Kaliumnitrat), Rauch, Geschmacksverstärker und Gewürze. Deren Menge im Schinken ist bei einigen Zusätzen jedoch begrenzt.

Nach der deutschen Fleischverordnung und entsprechen-

den Vorschriften im Ausland sind die folgenden Höchstmengen vorgeschrieben.
▷ Nitritpökelsalz (als Natriumnitratkonzentration): 100 Mikrogramm pro Gramm (150 Mikrogramm pro Gramm bei größeren Schinken).
▷ Salpeter (als Kaliumnitrat, nur noch bei großen Stücken zulässig): 0,06 Gramm pro 100 Gramm (0,05 Gramm in Frankreich, 0,02 Gramm in Belgien).
▷ Zucker (Saccharose oder Dextrose): 1 Gramm pro 100 Gramm (0,5 Gramm in Frankreich).
▷ Benzo(a)pyren als Leitsubstanz für kanzerogene Rauchbestandteile: 1 Mikrogramm pro Kilogramm.
▷ Glutamat u.a. Geschmacksverstärker: 0,1 Gramm pro 100 Gramm.
▷ Konservierungsmittel zur Schimmelverhütung auf der Oberfläche: 1500 Mikrogramm pro Gramm.

Bei Verwendung von Salpeter darf der Gesamtgehalt von Nitrit und Nitrat einen Summenwert von 600 Milligramm pro Kilogramm, berechnet als Kaliumnitrat, nicht überschreiten.

Nach einer chemischen Reihenanalyse westdeutscher Rohschinken wurden Konzentrationen von 0 bis 160 Mikrogramm pro Gramm an Natriumnitrit und für Kaliumnitrat wurden Werte von 0 bis 0,075 Gramm pro 100 Gramm gemessen. Überschreitungen der Grenzwerte sind demnach nicht ausgeschlossen. Allerdings zeigten geschlossene Schinken durchweg die niedrigsten Werte.

Bei den obengenannten Höchstmengen wird vielen Lesern die chemische Verbindung Benzo(a)pyren aufgefallen sein. Diese und verwandte Substanzen sind nur auf geräucherten Schinken zu finden, weil sie bei der Raucherzeugung gebildet werden. Diese Stoffgruppe, die man auch polyzyklische aromatische Kohlenwasserstoffe (abgekürzt: PAH) nennt, kann bösartige Geschwülste auslösen. Deshalb wurde für das Benzo(a)pyren, das der wichtigste Vertreter der PAH im Rauch ist, der scharfe Grenzwert von 1 Mikrogramm pro Kilogramm festgelegt. Je niedriger die Rauchtemperatur ist, um so weniger bildet sich von diesen Stoffen. Daher ist nicht nur aus geschmacklichen, sondern auch aus gesundheitlichen Gründen der langsam geräucherte Schinken dem schnell behandelten Produkt vorzuziehen. Aber das hat natürlich seinen Preis! Wer nun einmal einen rußig geräucherten Schinken kosten will, sollte die äußere Schicht von einigen Millimetern abschneiden und wegwerfen, weil sich die PAH nur auf der Schinkenoberfläche ablagern.

Zur Frage: Nitritpökeln und Nitrosamine

Im Schinken und in anderen Pökelwaren seien giftige und karzinogene Nitrosamine enthalten, so verkündeten vor einiger Zeit die Medien. Dazu ist zunächst zu sagen, daß zum Pökeln Nitrit verwendet wird. Nitrit entsteht auch durch Abbau von Kaliumnitrat (Salpeter), mit dem große Schinken gepökelt werden können. Amine sind Abbauprodukte von Eiweißkörpern (Aminosäuren) und werden in kleinen Mengen durch die Wirkung von Enzymen oder Bakterien gebildet. Amine und Nitrit können chemisch miteinander reagieren, wobei ebendie erwähnten Nitrosamine entstehen. Diese sind krebserregend. Bei normalen Temperaturen verlaufen die Bildungsreaktionen von Nitrosaminen aber so langsam, daß praktisch keine Nitrosamine im Schinken enthalten sind. Es kommt lediglich zur Bildung von Nitrosoaminosäuren, die aber unbedenklich sind.

Erhitzt man aber Schinken auf höhere Temperaturen, also auf mehr als 170 Grad Celsius, so zerfallen diese Nitrosoaminosäuren zu Nitrosaminen. Brät oder grillt man Schinken, so muß man mit bedenklichen Konzentrationen an Nitrosaminen rechnen. Dabei spielt die Zeit, in der hohe Temperaturen erreicht und gehalten werden, ebenfalls eine Rolle. Völlig unbedenklich ist es dagegen, Schinken in Suppen, Sauerkrautgerichten, Omelettes oder als Füllung von Klößen mitzugaren.

Nur mit Salz gepökelte Schinken kann man selbstverständlich auch grillen oder braten. Warum wird dann überhaupt Nitrit oder Nitrat verwendet? In früheren Zeiten sind infolge mangelnder Fleischkonservierung Vergiftungsfälle, vor allem durch das gefürchtete Botulinustoxin, recht häufig gewesen. Solche gesundheitlichen Gefahren und Todesfälle konnten durch Zugabe von Salpeter und später Nitrit praktisch beseitigt werden. Auch kann man in den meisten Herstellungsgebieten trotz moderner Kühltechnik nicht völlig auf das Pökeln mit Nitrit/Nitrat verzichten.

Für Qualitätsschinken, gleich ob luftgetrocknet oder geräuchert, gelten in der Europäischen Gemeinschaft recht strenge Grenzwerte, die einen Genuß ohne Reue erlauben. Jedoch sollte man nitrit- oder nitratgepökelte Schinken nicht braten oder grillen.

Der Schinken-Knigge

Hand aufs Herz, welcher Feinschmecker stünde nicht ziemlich ratlos da, wenn er von seinen Freunden einen ganzen Schinken geschenkt bekäme. Die einfachste Lösung des Problems wäre es sicherlich, eine Fete einzuberufen und den Schinken sofort gänzlich zu verspeisen. Doch wer weiß schon, wie der Knochen fachmännisch entfernt wird, welche Scheibendicke ideal ist etc. Und ganz schwierig wird's schließlich, wenn man den Schinken noch einige Zeit aufbewahren möchte, vielleicht für eine besondere Degustation mit ausgewählten Weinen; da gibt es einige grundsätzliche Regeln zu beachten.

Alles über Aufschneiderei

Es ist am besten, Schinken in kleinen Portionen oder in dünne Scheiben geschnitten beim Fachmann zu kaufen. Nur er verfügt über die richtigen Räume zur Lagerung und über die richtigen technischen Geräte.

Aber was macht man, wenn einem liebe Freunde zum Geburtstag einen ganzen Knochenschinken überreichen?

Zur Vesperzeit wird Schwarzwälder Schinken rustikal auf einem Holzbrett serviert. Dazu ißt man dunkles Brot und trinkt man einen Rotwein oder noch besser: Kirschwasser.

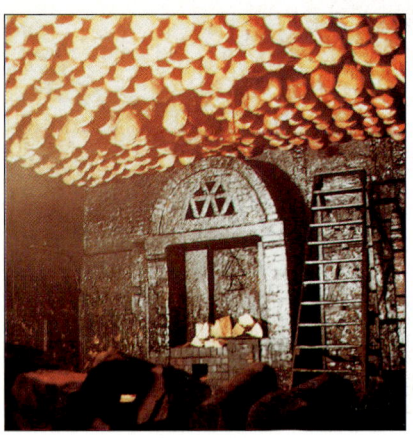

Eine lange Tradition hat das Räuchern von Katenschinken im Holsteinischen. Vor dem Räuchern werden die Schinken gewaschen und gewässert, um das Salz von der Oberfläche zu entfernen.

*Gekochter Schinken ist in der Feinschmeckerküche
vielfältig verwendbar, zum Beispiel als
Grundlage für feine Saucen oder – wie hier –
als Hülle für einen Waldorf-Salat.*

*Eine einfache, zugleich raffinierte und schnell
zubereitete Vorspeise ist Parmaschinken mit frischen Feigen.
Dazu paßt ein Weißwein oder ein leichter Rotwein.*

Ein ganzer Schinken mit Knochen wird meist nur in einem Leinensack oder ganz nackert gelagert und so auch verkauft. Entbeinte Schinken werden in Vakuumfolie verschweißt angeboten.

Will man einen Schinken von seinen Knochen befreien, z.B., um ihn leichter in Scheiben schneiden zu können, verfahre man wie folgt: Sofern vorhanden, wird zunächst die Schmalzschicht abgeschabt, ohne das Fleisch zu verletzen. Um den Schinken zum Schneiden etwas weicher zu bekommen, kann man ihn einige Zeit mit einem Holzhammer bearbeiten.

Man reinige die Oberfläche mit einem sauberen Küchentuch, damit beim Schneiden keine Keime ins Innere übertragen werden können. Zuerst wird parallel zum Oberschenkelknochen ein tiefer Längsschnitt gemacht, bis man den Knochen fast erreicht hat. Das Eisbein (die Haxe) läßt man zunächst unversehrt. Die Kniescheibe wird herausgenommen, der Oberschenkelknochen und der kleine Hüftknochen werden ausgelöst. Man kann die Knochen mit Hilfe eines schmalen, langen Messers auch hohl auslösen.

Um Lufteintritt und Befall durch Mikroorganismen an den inneren Schnittstellen zu vermeiden, nähe man den Schinken sofort nach dem Entbeinen mit sterilem Plastikgarn (gibt es in Handlungen für Metzgereibedarf) fest zusammen.

Nun kann man den Oberschenkelbereich des Schinkens Scheibe für Scheibe aufschneiden. Mit einem bloßen Messer kann ein Ungeübter kaum so dünne Scheiben schneiden, wie man sie zum wirklichen Genuß braucht. Deshalb sei dem Schinkengourmet empfohlen, sich beim Metzgereibedarf eine mechanische oder elektrische Schneidemaschine zu besorgen. Diese soll auch hauchdünne Scheiben schneiden können und sollte so breit und stabil sein, daß ein ganzer Schinken darauf paßt.

Es ist zu empfehlen, immer nur so viel von der Schwarte und eventuell dem Fett abzuschneiden, wie man zum Aufschneiden von Schinkenscheiben gerade braucht. So behält der Schinken besser sein Aroma. Wenn der Oberschenkel aufgebraucht ist, kommt das Eisbein, also der Unterschenkel, dran.

Der Röhrenknochen wird herausgenommen, nachdem ein Längsschnitt mit einem scharfen Messer den Knochen freigelegt hat. Am praktischsten ist es, das Eisbein ganz abzutrennen, falls es nicht schon vor dem Pökeln abgeschnitten worden ist. Zuweilen findet man ausgelöste Eisbeinstücke von Parma und anderen Edelschinken preiswert im Angebot. Dann sollte man zugreifen, denn diese Stücke (»Zipfel«) weisen das gleiche Aroma wie der Hauptteil des Schinkens auf. Sie sind wegen ihrer geringeren Dicke auch weniger gesalzen und zudem noch magerer.

Ein Hinweis noch: Schinken läßt sich besser schneiden, wenn er gut durchgekühlt ist.

Wie Schinken aufbewahrt wird

Ein ganzer, noch nicht angeschnittener Knochenschinken ist 2 Jahre lang haltbar. Dazu braucht man einen kühlen, luftigen und abgedunkelten Raum mit mittleren Temperaturen um 10 Grad Celsius, höchstens aber 15 Grad Celsius und mindestens 5 Grad Celsius. Dort soll er hängend aufbewahrt werden, damit von allen Seiten Luft herankommt.

Bedeckung mit einem Tuch ist nicht erforderlich. Außerdem müssen die Fenster und die Tür durch engmaschige Fliegengitter geschützt sein. Die Luftfeuchte soll etwa 80 Prozent betragen.

Ist der Schinken einmal angeschnitten, hält er sich in einem solchen Raum nur noch 2 bis 3 Monate. Auch vakuumverpackte Schinken halten so lange. In neueren Häusern wird man einen solchen Raum nicht finden. Dort ist es zu warm und zu trocken. Daher noch einmal: Jeweils nur kleine Portionen im Fachgeschäft kaufen und diese sorgfältig bedeckt im Kühlschrank aufbewahren.

Ausgebeinte, ganze Schinken lassen sich im Kühlhaus bei 5 bis 7 Grad Celsius und Feuchteregulierung 6 Monate und mehr lagern. Im häuslichen Kühlschrank ist die Lagerung größerer Stücke problematisch, weil er unbedeckt schnell trocken wird und Aroma verliert und in Folie eingewickelt schnell Schimmel ansetzt. Wichtig ist bei jeder Lagerung von Schinken, daß auf die Nachbarschaft von Käse und anderen wohlriechenden Produkten verzichtet wird.

Alle Schinken, ob luftgetrocknet, geräuchert oder gekocht, sind nicht zum Einfrieren geeignet, es sei denn, man verlangt nach einer aromalosen, strukturlosen und matschigen Masse nach dem Auftauen.

Im allgemeinen läßt sich sagen, daß luftgetrocknete Schinken deutlich länger haltbar sind als geräucherte. Das mag überraschen, liegt aber paradoxerweise daran, daß die geräucherten Schinken durch die Inhaltsstoffe des Rauches nur kurzzeitig sterilisiert sind. Bald können sich aber wieder Mikroorganismen beliebiger Arten ansiedeln. Darunter sind natürlich eiweißzersetzende und fäulniserregende Spezies. Bei einem luftgetrockneten Schinken liegt, durch die lange Reifung bedingt, eine gewissermaßen ausgewogene Bakterien- und Schimmelpilzflora vor, die später durch unerwünschte Arten kaum noch gestört werden kann.

Zwar läßt sich die Haltbarkeit von Schinkenstücken durch die Vakuumverpackung mit Folie wesentlich erhöhen, aber der Schinken »lebt« dann nicht mehr, und sein typischer Charakter geht leicht verloren. Nach dem Auspacken wird er sofort von Mikroorganismen befallen. Er erleidet dann nach einiger Zeit das, was für den geräucherten Schinken oben gesagt wurde.

Schimmel auf dem kostbaren Stück – Was tun?

Aufgeschreckt durch Veröffentlichungen zum Botulinustoxin, das insbesondere bei Knochenschinken zu nicht selten tödlichen Vergiftungen geführt hat, wurden seinerzeit systematische Untersuchungen zur Mikrobiologie des Schinkens angestellt. Das Bakterium Clostridium Botulinum hat mit Schimmel nichts zu tun. Sein Wirken ist meist – aber nicht immer – erkennbar durch einen leicht säuerlichen Geruch und geringfügige Gasbildung am Oberschenkelknochen, der der mikrobiologisch empfindlichste Teil des Schinkens ist. Ein solches Produkt gehört sofort in den Mülleimer.

Wesentlich zur Vermeidung pathogener Mengen von Clostridium Botulinum sind ruhige Transport- und Schlachtbedingungen für das Schwein, außerdem penible Hygiene beim Schlachten und Pökeln. So etwas ist letztlich Vertrauenssache.

Auf ausgereiften Rohschinken kommen am häufigsten die Schimmelpilzgattungen Penicillium und Aspergillus vor. Die Penicillium-Arten überwiegen bei Schinken, die bei niedriger Temperatur gereift wurden, die Aspergillus-Arten bei denen mit Raumtemperatur.

Bei einigen Schinkenprodukten werden erwünschte Schimmelpilze von vornherein in die Reifung mit einbezogen, so z. B. beim Südtiroler Bauernspeck, Bündner Fleisch oder Country Cured Ham (USA). Deshalb ist hier der auf der Oberfläche zu findende Schimmel ein Qualitätsmerkmal für ein ausgereiftes Produkt. Das bei Dauerwurst übliche Eintauchen in Starterkulturen hat sich allerdings nicht bewährt, und so läßt man bei Schinken Mutter Natur gewähren.

Um welche Schimmelart, ob genießbar oder giftig, es sich bei einem befallenen Schinken handelt, kann ein Laie nicht beurteilen. Ob und welche Mykotoxine Schimmelpilze bilden, ist vor allem auch eine Frage der Lufttemperatur und -feuchte. Beste Antischimmelbedingungen sind 15 Grad Celsius und 60 Prozent Luftfeuchte.

Hat man beim Lagern in älteren Häusern mit feuchten Wänden häufiger Schimmelbefall festgestellt, so kann man Schinken vorbeugend mit Öl bestreichen, mit Knoblauchpaste einreiben oder kalt anräuchern. In jedem Fall wird sich aber sein Aroma ändern.

Was soll man nun tun, wenn ein großes, teures Schinkenstück Schimmel zeigt? Bevor man irgendwelche chemischen Experimente versucht, sollte man die befallene Oberfläche einfach 2 Zentimeter tief abschneiden. Das darunter liegende Fleisch kann problemlos genossen werden. Denn es ist nachgewiesen, daß Mykotoxine, wenn sie überhaupt gebildet werden, nur etwa 0,5 bis 1 Zentimeter tief ins Fleisch eindringen. (Hinweis: Das gilt aber nur für Rohschinken, bei Kochschinken und überhaupt bei rohem oder gefrorenem Fleisch kann das Verzehren schimmelinfizierter Ware lebensgefährlich sein.) Manchmal tritt auch Salz an der Oberfläche aus. Das ist leicht an kristallinem Glitzern zu erkennen.

Schinken genießen – Ohne Reue, mit Horaz

Zum Fett am Schinken sei gesagt, daß es zum Schinken gehört wie die Keule zum Schwein. Der heutige gesundheitsbewußte Verbraucher ist nur allzu leicht geneigt, vom Lebensmittelhändler »mageren« Schinken zu verlangen. Nun trägt das Fett einen wesentlichen Teil des Aromas, ja es kann als Aromaindikator für den ganzen Schinken gelten. Da man Schinken ohnehin nur in dünnen Scheiben genießen soll, spielt das bißchen Fett als Kalorienbombe gar keine Rolle.

Außerdem ist zuwenig bekannt, daß gerade das Schweinefett im Vergleich zu anderen tierischen Fetten einen sehr hohen Gehalt an mehrfach ungesättigten Fettsäuren hat. Es muß also nicht unbedingt teures Olivenöl zum Braten dienen, Schweineschmalz ist da genauso wertvoll. Schweinefett enthält z.B. einen hohen Anteil an der essentiellen Fettsäure Linolsäure.

Etwas Schinken mit Obst oder Gemüse ist eine wunderbare Diät für diejenigen, die abnehmen wollen oder die gewisse Gesundheitsprobleme haben. Nach einer solchen Diät kann man sogar körperlich arbeiten, wie der alte Horaz um 30 v. Chr. seinem bäurischen Philosophen Ofellus sagen läßt (Satiren 2, 2. Buch): »Nicht oft in meinem Leben kam an einem Festtag etwas Besseres als Kohl mit einer Scheibe Schinken auf den Tisch.«

Ofellus wird seinen Schinken immer bei Raumtemperatur gegessen haben, nur so kann sich das Schinkenaroma entfalten. Man sollte ihn wie Rotwein behandeln. Die römischen Verzehrmengen werden sich kaum von den heutigen in der Bundesrepublik unterschieden haben. Im Jahr verspeist ein Bundesbürger ca. 2 Kilogramm Schinken, Frauen etwas weniger, Männer etwas mehr.

Wegen ihrer besonders kapitalintensiven Herstellungsweise sind luftgetrocknete Schinken natürlich nicht billig. Deshalb ist Vorsicht geboten, wenn solche Schinken zu Preisen von weniger als 6 DM pro 100 Gramm angeboten werden. Man sollte sich in jedem Fall das Brandzeichen oder Herkunftszeichen des Schinkens zeigen lassen. Auch haben lang geräucherte Schinken ihren Preis. Man sollte vor dem Kauf größerer Stücke immer einige Scheiben degustieren.

Wie sollte man nun seinen teuer eingekauften Spitzenschinken genießen? Einfach so, mit einem Stückchen Weiß- oder mildem Mischbrot, ohne Butter natürlich, wird er ein wunderbares Genußgefühl erzeugen. Die Gewohnheiten, die in der jeweiligen Region der Herstellung üblich sind, sollte man nicht ignorieren, weil sie in langer Zeit zum besten entwickelt worden sind.

Die berühmten italienischen Luftgetrockneten, Parmaschinken & Co., kostet man in ihrer Heimat als Vorspeise mit frischen Feigen oder Honigmelone. Andere feine Luftgetrocknete lassen sich ebenfalls so oder mit mildem frischem Obst, z. B. mit Ananas, Kiwis oder Williams Christbirnen, genießen. Auch zu mildem feinem Gemüse paßt in dünne Scheiben geschnittener Schinken, allem voran zu Spargel. Den dünnen, ohnehin nur schmalen Fettrand schneiden nur Banausen ab. Stark gewürzte Speisen oder sauer eingelegte Gemüse vertragen sich nicht mit dem feinen Schinkenaroma.

Was trinkt man zu Schinken? Am besten verträglich dazu sind leichte trockene Weißweine. Aber auch ein leichter junger Rotwein harmoniert gut mit Schinken. Bier paßt natürlich nicht nur sehr gut zu Westfälischem oder anderem feinem Räucherschinken, sondern auch zu San Daniele, Parma, Veneto etc. Man kann die hauchdünnen Schinkenscheiben um die auch hier erhältlichen Grissini, die fingerdicken Weißbrotstangen, wickeln, wie es in Italien mit Parmaschinken üblich ist. Edle Schinken verdienen es natürlich auch, mit einem guten Champagner oder feinem Sekt konsumiert zu werden.

Schinken testen

In der Bundesrepublik hat die Deutsche Landwirtschafts-Gesellschaft (DLG) ein Prüfschema für Rohschinken entwickelt. Danach werden mit Hilfe einer 5- Punkte-Skala das Äußere des Schinkens, die Farbe innen und außen, die Konsistenz sowie der Geruch und Geschmack bewertet. Die Kategorie Geruch und Geschmack wird mit dem höchsten Punktwert gewichtet und setzt sich aus Negativurteilen wie salzig, säuerlich bis sauer, süßlich, bitter, Würzung oder Rauch zu schwach/zu stark, seifig, hefig, ranzig, lakig, dumpf, stichig usw. zusammen. In jeder der vier Prüfmerkmale (Äußeres, Farbe, Konsistenz und Geruch/Geschmack) müssen mindestens 3 Punkte innerhalb der Skala von 0 bis 5 Punkten erzielt werden, wenn ein Schinken prämiert werden soll. Außerdem müssen folgende Qualitätszahlen für die einzelnen Prämierungsstufen erreicht werden:

▷ Großer DLG-Preis: 5,00 Punkte
▷ Silberner DLG-Preis: 4,50 bis 4,99 Punkte
▷ Bronzener DLG-Preis: 4,00 bis 4,49 Punkte

Um den Großen DLG-Preis zu bekommen, muß ein Schinken in allen Prüfmerkmalen die höchste Stufe erreicht haben. Auch beim Silbernen DLG-Preis ist zweimal die Höchstnote und zweimal die zweitbeste Note erforderlich. Das sind doch recht scharfe Bestimmungen!

Wie wäre es, wenn Sie Ihre Gäste einmal zu einer Schinkenprobe einladen? Zwar muß man bestimmt mehrere Feinkostläden abklappern, bis mindestens 10 verschiedene Sorten zusammengekauft sind. Aber bei einer Weinprobe ist das auch oft nötig. Man sollte den Händler bitten, die Scheiben einzeln zu verpacken und sie nicht allzu dünn zu schneiden. Dünne Scheiben halten zwar den Geschmack, nicht aber flüchtige Duftstoffe, die bei der Schinkenprobe eine wichtige Rolle spielen. Man sollte pro Person 5 Scheiben pro Sorte rechnen, weil 3 Scheiben zum Riechen und Schmecken nötig sind und 2 Scheiben das Ganze abrunden. Wie bei einer Weinprobe soll zwischen den einzelnen Sorten Weißbrot und ein gutes Mineralwasser gereicht werden. Alkohol vernebelt die Geschmackspapillen und den Geruchssinn ziemlich schnell, so daß man vermeiden muß, Wein, Sekt oder Bier schon zu Beginn der Schinkenprobe anzubieten. Erst gegen Ende der Verkostung sollte man einen weichen, aber trockenen Weißwein ausschenken. Während das Ergebnis diskutiert wird, sind auch härtere Getränke zugelassen.

Der Schinken in der Küche

Man sollte das ausgereifte, feine Aroma von Rohschinken, für den durch die lange Reifung viel Zeit, also Geld, aufgewendet worden ist, nicht durch rauhe Kochexperimente verhunzen. Zum langen Mitgaren auf Sauerkraut oder in Gemüsesuppe sollte man daher den billigeren Bauchspeck verwenden. Jedoch sind Zubereitungen mit Rohschinken sinnvoll, wenn er nur ganz kurz erhitzt wird.

Ein Rührei, bei dem man die rohen Eier mit Stücken von luftgetrocknetem Schinken verquirlt und in Butter mit ganz wenig Salz anziehen läßt, ist sicher etwas Köstliches.

Geräucherte Schinken lassen sich gut in Salaten verwenden, die nicht mit Essig, sondern nur mit Öl, Crème fraîche oder Sahne, vielleicht auch mit einer säurearmen Mayonnaise oder Remoulade angemacht werden. Die milden, fettreichen Zutaten saugen das Schinkenaroma auf, und nichts davon geht verloren oder wird überdeckt.

Hier ein Vorschlag für einen solchen Salat: Man schneide 2 richtig reife, geschälte Avocados in feine Streifen und beträufele sie mit wenig Zitronensaft. Vom Schinken werden 12 feine Scheiben abgeschnitten und zu Tüten gerollt. Die Avocadostreifen werden zusammen mit einer frisch zubereiteten Mayonnaise, der man einen kräftigen Schuß Portwein zugesetzt hat, in die Schinkentüten gegeben. Für 4 Personen ist das eine schöne Vorspeise.

Damit dürfte die Grundmethode für den Einsatz von luftgetrockneten oder geräucherten Qualitätsschinken in der Cuisine klar sein: Nicht oder nur schwach oder kurz erhitzen, milde Zutaten verwenden. Versuchen Sie einmal, einen Räucherschinken in einem dicken Weißbrotteig zu backen!

Für gekochten Schinken gilt, daß er schonender Behandlung bedarf, wenn er als Bestandteil eines Gerichtes mit diesem erhitzt wird. Er wird sonst allzuleicht zäh und verliert sein Aroma. Deshalb ist es ratsam, den Schinken erst nach Beendigung des Garens den anderen Zutaten des Gerichts zuzugeben.

*Da man heute kaum die Möglichkeit hat, einen ganzen Schinken bei der richtigen Temperatur und Feuchte aufzubewahren, sollten nur kleine Schinkenmengen im Fachgeschäft gekauft werden und diese dann gut abgedeckt im Kühlschrank aufbewahrt werden.
Grundregel für den Genuß und die Weiterverarbeitung von Schinken ist: Niemals mit sauren, intensiven oder stark riechenden Speisen verbinden!*

Anhang
Schinkenhersteller
und
Bezugsadressen

Hersteller von Schwarzwälder Schinken
Hans Adler oHG, Schwarzwälder Fleischwaren, Am Lindenbruck 3,
 7823 Bonndorf
Bösinger Fleischwaren GmbH, Riedstr. 9, 7215 Bösingen
Brucker, Sommerwies 1, 7622 Schiltach
Haas GmbH, Uracher Fleischwarenfabrik, Im Unterwässer 3,
 7432 Bad Urach
August Odermatt KG, Fliederweg 4, 7241 Eutingen
Tannenhof GmbH, Gewerbestr. 4, 7732 Niedereschach
Hermann Wein GmbH, Dornstetter Str. 29, 7290 Freudenstadt/Unsbach
Wufa, Schwarzwälder Schinken Spezialitäten GmbH, Wiesentalstr. 23,
 7850 Lörrach

Hersteller von Westfälischen Schinken
Bauerngut Fleisch- und Wurstwaren GmbH, Römerstr. 20,
 4713 Bochum-Hövel
Heinrich Bedford, Fleischwarenfabrik, Hafenringstr. 23–27,
 4500 Osnabrück
Hermann Böggemann, Fleischwarenfabrik, Gerhart-Hauptmann-Str. 6,
 4505 Bad Iburg
Eichenhof-Fleischwaren, Bethel-Badeweg 13, 4800 Bielefeld 13
Ludwig Ellerbrake GmbH, Pagenstecherstr. 11, 4500 Osnabrück
Schinken Epping, Postfach 1211, 4791 Hövelhof
Glocken-Beune GmbH, 4807 Borgholzhausen-Casum
Carl Herbort, Münsterländer Fleischwarenfabrik, Marienstr. 16,
 4722 Ennigerloh

Franz Jostwerth, Schinkenspezialitäten, Bielefelder Str. 42, 4518 Bad Laer
A. Kleinemas KG, Industriestr. 35, 4837 Verl 1
H. Klümper GmbH & Co. KG, Ratsherr-Schlikker-Str. 63, 4443 Schüttorf
Friedr. Menzefricke GmbH & Co. KG, Postfach 11 21, 4804 Versmold
Niehage GmbH & Co. KG, Fleischwaren, Am Bollholz 38, 4800 Bielefeld 18
H. & E. Reinert KG, Mittel-Loxten 37, 4804 Versmold
Schneider GmbH & Co. KG, Bahnhofstr. 54, 4840 Rheda-Wiedenbrück
Karl Selchert & Sohn, Westfälische Fleischwarenfabrik, Auf dem Kampe 8,
   4804 Versmold
L. Sewerin KG, Kahlertstr. 31, 4830 Gütersloh
Sickendick, Fleischwarenfabrik, Schillerstr. 2, 2846 Neuenkirchen-Vörden
Fr. Sostmann & Sohn, Fleischwarenfabrik, Münsterstr. 26, 4550 Bramsche
Vogt & Wolf GmbH, Herzebrocker Str. 43, 4830 Gütersloh 1
Fritz Wagner GmbH, Fleischwaren, Bünder Str. 167, 4972 Löhne 2
Wilhelm Wittler GmbH, St.-Annener-Str. 96, 4520 Melle 8

Hersteller von Holsteiner Schinken
Wilhelm Binckebank GmbH, Wolmersdorfer Str., 2223 Meldorf
Wilhelm Brandenburg GmbH, Fleischwarenfabrik, Hauptstr. 23,
   2408 Timmendorfer Strand
Claus Dölling, Wurst- und Fleischwarenfabrik, Fuchsberger Damm 2–4,
   2200 Elmshorn
Ellerbeker Landrauch GmbH, Haderslebener Str. 4, 2080 Pinneberg
Schön/Ehlers GmbH, Hufenweg 24, 2308 Preetz
Hans Valentiner oHG, Fleischwarenfabrik, Hauptstr. 6, 2334 Fleckeby

Hersteller aus weiteren deutschen Landen
Schinken Diers, Die Ammerländer Räucherkate, Postfach 12 63,
   2902 Rastede-Bokelerburg
Frank Fleischwarenfabrik GmbH & Co. KG, Vogelsangstr. 12,
   7433 Dettingen *(Schwäbisch-Alb-Schinken)*
Gg. u. Joh. Griechbaum, Krumbacher Str. 5, 8900 Augsburg
   (Augsburger Edelrauchschinken)
Herrenholzer Schinken, Mühlenberg 5, 2991 Börger *(Emsländer Schinken)*
Hans Höll, Fleischwarenfabrik, Am Alten Markt, 6688 Illingen
   (Saarländer und *Burgunder Schinken)*
Kurhessische Fleischwarenfabrik, Hermann-Unth-Str. 1,
   6400 Fulda *(Rhönschinken)*
W. Lutz KG, Fleischwarenfabriken, Zenettiplatz 1, 8000 München 2
   (Bayerischer Schinken, Prager Schinken)
Heinrich Meinen, Fleischwarenfabrik, Lohacker 51, 2905 Edewecht

Metten Fleischwaren, Bamenohler Straße, 5950 Finnentrop
(Sauerländer Knochenschinken, Prager Schinken)
Fleischwaren Quint, Industriegelände, 5559 Kenn *(Hunsrücker Schinken)*
Sandstede KG, Schinkenräucherei, Postfach 1165, 2905 Edewecht
(Ammerländer Schinken)
Schinken-Schumacher, Königstr. 3, 2919 Barßel (Harkebrügge)
(Oldenburger Schinken)
Gebr. Schulte AG, Westendarpstr. 11–13, 4503 Dissen
(Teutoburger Schinken)
H. u. H. Schulte KG, Ruhrstr. 8, 4595 Lastrup *(Oldenburger Schinken)*
Andreas Sieber, Wurst-, Fleischwaren- und Konservenfabrik,
Thalkirchnerstr. 31–33, 8000 München 2 *(Bayerischer Schinken)*
Eduard Stanglmeier KG, Landauer Str. 12, 8350 Plattling
(Bayerische Schinken)
Fleischwarenfabrik Steinemann, Am Tannenkamp 15, 2841 Steinfeld
(Oldenburger Schinken)
Teutoburger Wurstfabrik Heinrich Böggemann, Vahrenkamp 1,
4505 Bad Iburg-Sentrup *(Teutoburger-Wald-Schinken)*
Josef Walnik KG, Pfälzer Wurstwarenfabrik, Industriestr. 1,
6741 Billigheim *(Pfälzer Schinken)*
Zimbo GmbH & Co. KG, Mühlenberg 20, 2991 Börger
(Emsländer Schinken)

Der Autor empfiehlt dem Leser bei seiner Erforschung der deutschen Schinken, die Herstellerfirmen anzuschreiben. Diese sind in der Regel recht informationsfreudig und geben einem auf Anfrage auch Möglichkeiten zum Einkauf an oder laden zur Schinkenprobe ein.

Es hat dagegen kaum Sinn, die Adressen der italienischen Firmen, die Parma, San Daniele oder Veneto herstellen, anzugeben. Wer dennoch direkt mit den Firmen Kontakt aufnehmen will, der wende sich an die zuständigen Konsorzien:

Consorzio del Prosciutto di Parma, Via Marco dell' Arpa 8/ b,
I-43100 Parma
Consorzio del Prosciutto di San Daniele, Via A. Andreuzzi 8,
I-33038 San Daniele Del Friuli (UD)
Consorzio del Prosciutto Veneto Berico Euganeo, Via Matteotti 4,
I-35044 Montagnana (Padova)
Auch das Italienische Institut für Außenhandel (ICE), Jahnstr. 3,
D-4000 Düsseldorf 1, kann bei Anfragen weiterhelfen.

Eine Hilfe für Einzelkunden oder Wiederverkäufer kann sicher die folgende Liste sein:

Deutsche Lieferanten für Parma und San Daniele

Lieferant   *Italienischer Hersteller/Lieferant*

Efha-Werke   Giuseppe Citterio in Rho
Fleischwarenfabrik
Tempelhofer Weg 50–78
1000 Berlin 47

Schnitter & Co.   Fratelli Invernizzi in Cornaredo
Jungfernstieg 34
2000 Hamburg 36

Grefia Import oHG   Alcisa in Zola Predosa
Berzeliusstr. 59
2000 Hamburg 74

RKS GmbH   Francesco Vismara in Casatenova
Osterbrooksweg 60   Brianza
2000 Schenefeld

Vino Italia 80   Negrini F.lli di Angelo
Monika Schmidt-Celio   in Langhirano
Borselstr. 3
2000 Hamburg

Legro GmbH   Italsalumi in Correggio
Schulenburger Landstr. 146
3000 Hannover 1

M. Stiddien Handelsagentur GmbH   Ghirardi in Langhirano
Am Kälberanger 20
3340 Wolfenbüttel

Meinharder Import Großhandel   Ghirardi in Langhirano
Sontaer Str. 6–8
3440 Eschwege

H. Wilk GmbH & Co.   Fontana Ermes in Castellaro di
Albaxer Str. 24   Sala Baganza
3470 Höxter 1

Backring Rhein-Ruhr   Barbieri & Madureri in Parma
Auf der Höhe 40
4100 Duisburg

Lieferant	Italienischer Hersteller/Lieferant
Angelantonio de Lucia Bahnhofstr. 61 4284 Heiden	Fiorucci in San Paloma
Werner Menge Wallneyer Str. 110 4300 Essen 1	verschiedene Hersteller
Gröning u. Thenagels GmbH Bartlingstr. 7 4300 Essen 13	Pietro Negroni in Cremona
Westfalenland-Fleischwaren E. Oberkötter Pleistermühlenweg 284 4400 Münster	Sassi in Colorno
Hans Heinemann Fleisch- und Wurstwaren-Agentur Postfach 1305 4836 Herzebrock 1	verschiedene Hersteller
Nadia Lebensmittel und Spirituosen Import und Export GmbH Stolberger Str. 376 5000 Köln 41	Negrini F.lli di Angelo in Langhirano
Parma Delikatessen-Service Longericher Str. 455 5000 Köln 60	Ferrara & Pelagatti in Langhirano
Karl Papendiek Handelsvertretungen Kronenbürger Str. 21 5000 Köln 41	Pietro Negroni in Cremona
W. Burkert KG Feinkost-Import Reppinghauser Str. 37 5277 Marienheide	Fiorucci in San Peloma
Italimport CM & PA Eifelstr., Großmarkt 5300 Bonn	Negrini F.lli di Angelo in Langhirano

Lieferant	*Italienischer Hersteller/Lieferant*
J. u. K. Grundmann GmbH & Co. Samoastr. 26 5600 Wuppertal 2	Locatelli in Milano
Marro Guido Luigi Nibelungenstr. 45 5650 Solingen	Locatelli in Milano
Di Paolo Import Augustastr. 69 5800 Hagen	Negrini F.lli di Angelo in Langhirano
D' Agnelli Gartenstr. 143 6000 Frankfurt/M.	Negrini F.lli di Angelo in Langhirano
Locatelli Vertriebs-GmbH Deutschland Lyoner Str. 23 6000 Frankfurt/M. 71	Locatelli in Milano, Prosciutti Daniel in San Daniele
Lindenhof Nahrungsmittel GmbH Farmstr. 21 6082 Mörfelden/Walldorf	di Ferrari & Pelagatti in Langhirano
Fornara Wein- und Lebensmittelimport Platter Str. 90 6204 Taunustein-Wehen	Alcisa in Zola Predosa
Corimpex C. Reggianini & Co. KG Am Kreuzstein 82–84 6457 Maintal 2-Bischofsheim	Maletti F.lli in Casinalbo, King's Prosciutti in Sossano Veneto
Jakob Vogler GmbH Friedrich-König-Str. 9 6500 Mainz-Hechtsheim	di Ferrari & Pelagatti in Langhirano
Rewe-Wibu Rheinhessenstr. 13 6500 Mainz-Hechtsheim	di Ferrara & Pelagatti in Langhirano
Schwamm & Cie. mbH An der Römerbrücke 22 6600 Saarbrücken	Leoncini in San Daniele

Lieferant	*Italienischer Hersteller/Lieferant*
Stella Import KG Kavalleriestr. 3–7 6630 Saarlouis	Italsalumi in Correggio
Kling & Sohn Blechhammerweg 34 6750 Kaiserslautern	Brendolan in Lonigo
Bernhard Huber GmbH Innere Wingartstr. 9–11a 6800 Mannheim 31	verschiedene Hersteller
Erhard Kühn GmbH Pirnaer Str. 1–3 6800 Mannheim 31	Alcisa in Zola Predosa, King's Prosciutti in Sossano Veneto, Parlamat in Collecchio
Gebr. Di Gennaro oHG Neckarwiesenstr. 16 7000 Stuttgart 1	verschiedene Hersteller
Adinolfi & C. Großmarkt Halle 3 7000 Stuttgart	Negrini F.lli di Angelo in Langhirano
Gerwig Import Gebr. Geraci KG Solitudeallee 123 7014 Kornwestheim	Invernizzi in Cornaredo, Muraro in Sossano Veneto
Hermann Fleischwarenimport Böhmerwaldstr. 20 7070 Schwäbisch-Gmünd 8	Pietro Negroni in Cremona, Fiorucci in San Paloma
Lombardo Import Hauptstr. 80 7146 Tamm	Negrini F.lli di Angelo in Langhirano
WOCA-Lebensmittel-Import GmbH Römerstr. 80 7505 Ettlingen 6	Ferrari in Longhino, King's Prosciutti in Sossano Veneto
Carl Fr. Scheer Industriegebiet 7601 Willstätt-Sand	Edigio Galbani in Langhirano

Lieferant	Italienischer Hersteller/Lieferant
Karl Blaschek GmbH Postfach 1250 7850 Lörrach	Giuseppe Citterio in Rho
Citterio GmbH Uhlandstr. 6 8000 München 6	Giuseppe Cittero in Rho
Pietro Negroni Deutschland GmbH Birketweg 5 8000 München 19	Pietro Negroni in Cremona
Thomas Niederreuther GmbH Kronwinkler Str. 31 8000 München 60	Rivazza in Bologna, Leoncini in San Daniele, Tanara in Corniglio
Skandinavien- und Süd-Import GmbH Frauenstr. 31 8031 Maisach	Villani in Castelnuovo Rangone
De Filippis Italimex Rothenburger Str. 6 8501 Oberasbach	Negrini F.lli di Angelo in Langhirano
Cosentino & Co. Färberstr. 23 8900 Augsburg	Negrini F.lli di Angelo in Langhirano
E. Zimmermann GmbH & Co. Postfach 1280 8907 Thannhausen	S. Vitale di Luppi in Parma

Die meisten dieser Firmen vertreiben auch italienische Spezialitäten wie Bresaola, Coppa, Südtiroler Bauernspeck oder Pancetta.

Für Veneto-Schinken gibt es nur wenige Hersteller, und er wird in der Bundesrepublik kaum angeboten. Deshalb hier die Liste der Hersteller:

Hersteller von Veneto:
Prosciuttificio Boselli, Via Cicogna, I-37040 Roveredo di Guà (VR)
Brendolan Prosciutti spa, Via Cesare Battisti, 82, I-36045 Lonigo (VI)

Prosciuttificio »Crosare«, Via Crosare, I-37040 Pressana (VR)
Daniolo Desiderio, Via Campana, 22, I-35044 Montagnana (PD)
Eredi di Giovanni Fontana, Via Schiavin, 9, I-35042 Este (PD)
Ezzelino Prosciutti sol, Zona Industriale, I-35044 Montagnana (PD)
Attilio Fontana Prosciutti sas, Via Campana, 8, I-35044 Montagnana (PD)
King's Prosciutti Muraro spa, Sede Amm. Via Rio, 53,
    I-36040 Sossano (VI)
Prosciuttificio »La Rocca« srl, Via Rocca, 13, I-36045 Lonigo (VI)
Prosciuttificio Levoni Sante spa, Via G. Bisognin, 28/B,
    I-36040 Meledo di Sarego (VI)
Prosciuttificio »San Marco« sas, Via Meledo Alto,
    I-36040 Meledo di Sarego (VI)
Prosciuttificio Vittorio Soranzo sas, Via Matteotti, 51,
    I-35044 Montagnana (PD)
Prosciuttificio Zanuso Pietro spa, Via Cesare Battisti, 16,
    I-36025 Noventa Vicentina
Riviera Market, Via Riviera Berica, I-36020 Ponte di Barbarano (VI)

Die mittelitalienischen Schinken **San Leo** und **La Ghianda** werden nur von der Firma Carpegna Prosciutti spa, Via Petricci, I-61021 Carpegna/Ps, exportiert und in der Bundesrepublik vertrieben durch:
Il Nuraghe, Theresienplatz 7, 8500 Nürnberg 1.
Von dort werden sie entbeint, in Vakuumpackung und mit einem Gewicht von bis zu 6 Kilogramm angeboten.

Anbieter von französischen Schinken
Berolina Fleischwaren Import Vertriebs-GmbH, Westhafenstr. 1,
    1000 Berlin 65
Dithmerscher Katenrauch Hans A. Liebing GmbH & Co., Celsiusweg 13,
    2000 Hamburg 50
Verkaufsbüro Deutschland Salaisons VIAL, Grambker Heerstr. 118 F,
    2820 Bremen 77
Meinharder Import-Großhandel, Sontaer Str. 6–8, 3440 Eschwege
W. Finck, Hauptstr. 13, 4006 Erkrath 2
Kremers, Dieselstr. 27–33, 4050 Mönchengladbach 4
H. Schepers & Co., Industriering Ost 82, 4152 Kempen
Rauch KG, Im Teelbruch 87, 4300 Essen 18
Georg Brinkmann, Siemensstr. 1, 4413 Beelen
Walter Schulze, Industriestr. 9–11, 4503 Dissen
GHD-Kontor für Fleisch- und Wurstwaren, Alte Heerstr. 17–19,
    4504 Georgsmarienhütte

W. Burkert KG, Wittener Str. 360, 4600 Dortmund 1
Horst Heier GmbH, Münsterplatz 6, 4620 Castrop-Rauxel
Kleinheismann, Am Ruthenbach 78, 4840 Rheda-Wiedenbrück
Vital GmbH, Max-Planck-Str. 2–8, 5110 Alsdorf
W. Burkert KG, Reppinghauser Str. 37, 5277 Marienheide
Verkaufsbüro Salaisons des Iles Bernard Callet, Gelbachstr. 10,
    5430 Montabaur
Locatelli GmbH Deutschland, Lyoner Str. 23, 6000 Frankfurt 71
FRIPA, Sandwiesenstr. 18, 6146 Alsbach
Schröder Fleischwarenfabrik, Straße des 13. Januar 28, 6600 Saarbrücken
Souchon GmbH, Mainzer Str. 116, 6600 Saarbrücken
Albert Martin, Tafelstr. 17, 6620 Völklingen
Hans Schettle, Im Hagentälchen, 6640 Merzig-Brotdorf
Erhard Kühn GmbH, Pirnaer Str. 1–3, 6800 Mannheim-Vogelstang
Huber GmbH, Innere Wingerstr. 9–11a, 6800 Mannheim 31
Hermann Fleischwaren, Güglingstr. 77,
    7070 Schwäbisch-Gmünd-Dettringen
Fleigro GmbH, Zeppelinstr. 10, 7302 Ostfildern 4
Felger & Fischer GmbH, Löcherhaldenstr. 20, 7306 Denkendorf
Paul Predault GmbH, Max-Planck-Str., 7640 Kehl-Avenheim
Bernd Tritsch, Tullastr. 79, 7800 Freiburg
Thomas Niederreuther GmbH, Kronwinkler Str. 31, 8000 München 60
Oberland Fleischvertriebs-GmbH, Rudolf-Diesel-Ring 1a, 8029 Sauerbach
Marox Fleischwarenfabrik GmbH, Färberstr. 43, 8200 Rosenheim

Wenn der Leser seine Gäste zu einem Abend mit französischem Schinken einladen möchte, so wende er sich an eine der zuvor aufgeführten Firmen in seiner Nachbarschaft. Die französischen Schinken gibt es in der Bundesrepublik überwiegend als luftgetrocknete oder gekochte Schinken. Empfehlenswert ist es immer, sich mit Knochenschinken bedienen zu lassen. Dazu sollte man Baguette, frisches Obst und einen trockenen Weißwein, z. B. aus der Chardonnay-Traube, reichen.

Bayonner Knochenschinken, der gekocht wurde, ist eine Zierde eines jeden kalten Büffets. Allerdings sollte jemand die Technik beherrschen, davon gleichmäßige, nicht zu dicke Scheiben abzuschneiden.

Wichtige Hersteller französischer luftgetrockneter Rohschinken
ABC (SICA), 7 Route du Plan, F-13860 Peyrolles en Provence
Amand S.A., B.P. 07, F-14502 Vire Cedex
Bazin S.A., 1 rue de Sainte Marie, F-70300 Breuches de Luxeuil
Berni S.A., Route d'Etain, F-55100 Verdun

Boizet S.A., Aux Cordeliers, F-42190 Charlieu
Braun-Charculor S.A., Rue Ampère, F-57150 Creutzwald
Caby S.A., 40 rue de la gare, F-59872 Saint André Cedex
Calixte Chevallier Export, Les Troques, F-69630 Chaponost
Chaillot S.A., Salaisons de l'Ardèche Roiffieux, F-07100 Annonay
Elquin S.A., Saint Brandan, F-22800 Quintin
La Fricassee S.A., F-56910 Carentoir
Le Delas S.A., 53/69 rue de Strasbourg, F-94617 M.I.N. Rungis Cedex
Le Jambon Cru d'Aoste, B.P. 9, F-38490 Aoste
Le Net S.A., B.P. 16, F-56120 Josselin
Les Fils de Teyssier S.A., F-07320 Saint Agrève
Les Jambons du Cotentin, Route de Perriers, F-50430 Lessay
Morey & Fils S.A., B.P. 1, F-71480 Cuiseaux
Olida S.A., B.P. 123, F-92201 Neuilly-sur-Seine Cedex
Onno Bretagne S.A., B.P. 52, F-56302 Pontivy Cedex
Phalip, Route de Pau, F-65420 Ibos Tarbes
Prevot S.A., B.P. 4, F-73210 Aime
Pygay S.A., B.P. 4, F-42210 Montrond-les-Bains
Rochebillard & Blein S.A., F-42780 Violay
Salaisons Corrèze Limousin S.A., Le Bois du Roy, F-19240 Allasac
Salaisons Couturier S.A., Ternant, F-01570 Feilleus
Salaisons des Iles S.A., Saint Romain des Iles,
   F-71570 La Chapelle de Guinchay
Salaisons du Centre, F-23700 Auzances
Salaisons Pyrénéennes S.A., 2 rue Anatole France,
   F-65320 Bordèressur l'Echez
Souchon S.A., Salaisons de la Haute-Loire Saint Maurice de Lignon,
   F-43200 Yssingeaux
Stalaven S.A., B.P. 447, F-22008 Saint Brienc Cedex
Tempe & Fils S.A., B.P. 44, F-68170 Rixheim
Thiol & Cie., 4 rue Jacques Barbeu-Dubourg, F-53101 Mayenne Cedex
Vial & Cie. S.A., B.P. 20, F-42360 Panissières

Von diesen Firmen stellen her:
▷ Den luftgetrockneten Bayonner Schinken: Caby, Fricassee, Salaisons des Iles, Morey, Olida, Phalip, Salaisons Pyrénéennes, Thiol, Vial.
▷ Geräucherten Rohschinken: Les Jambons du Cotentin, Tempe & Fils.
▷ Korsischen Rohschinken: Salaisons des Iles.
▷ Savoyer Rohschinken: Prevot.

Glossar

Alemannen-Schinken: Milder, luftgetrockneter Rohschinken aus dem Südschwarzwald.
Ammerländer Dielenrauch-Schinken: Geräucherter, unter dem Reetdach gereifter Rohschinken.
Ammerländer Katenschinken: → Ammerländer Dielenrauch-Schinken.
Apfelschinken: Von Natur aus rundlich gewachsene Schweinehinterkeule.
Ardenner Schinken: Luftgetrockneter oder geräucherter Rohschinken aus den belgischen oder französischen Ardennen.
Armorique-Schinken: Luftgetrockneter Schinken aus der Bretagne.
Astuarias-Schinken: Gekochter, milder Schinken aus Spanien.
Bärenschinken: Trockengepökelter und kaltgeräucherter Schinken aus der Hinterkeule von Braun-, Schwarz- oder anderen Bären.
Bayonner Blasenschinken: In einer Zellophanblase heißgeräucherter Schweinenacken.
Bendaiola: Gewürzter, in Schweinsblase geräucherter Schweinenacken.
Blasenschinken: Hierzu verwendet man die Nackenteile oder die Nuß des Schweines. Sie werden gepökelt und in Schweinsblasen oder porösen Kunststoffhüllen goldbraun geräuchert und enthalten kein sichtbares Fett.
Blume: Mittleres, fettarmes, am Knochen der Schweinehinterkeule anliegendes Stück, auch → Nuß genannt.
Bradenham-Schinken: Milder, tiefschwarz geräucherter Roh- oder Kochschinken aus England.
Bresaola: Aus dem Veltin stammender zarter, magerer, luftgetrockneter Schinken aus der Kalbskeule.

Bresi: Luftgetrockneter Schinken aus der Rinderkeule, ähnlich dem → Bündner Fleisch, stammt jedoch aus Norditalien.

Bretonischer Pfefferschinken: Mit geschrotenem, schwarzem Pfeffer überzogener und luftgetrockneter Rollschinken.

Bündner Fleisch: In Würzlake gepökelter, luftgetrockneter Schinken aus der Rinderkeule, aus Graubünden/Schweiz.

Bündner Rohschinken: Mit Alpenkräutern gepökelter, luftgetrockneter Schinken aus der Schweinekeule, rechteckig wie das → Bündner Fleisch.

Carso: Zarter, luftgetrockneter Schinken aus Friaul/Norditalien.

Casentino: Ein mit etwas Pfeffer eingeriebener Räucherschinken aus der Toskana.

Coburger Kernschinken: Quaderförmig gepreßter, kaltgeräucherter Schweineschinken.

Coppa: Gepökelter, luftgetrockneter Schweinehals im Schweinedarm, ohne Knochen; aus Italien.

Country Cured Ham: Luftgetrockneter Schweinehinterschinken aus den USA.

Durchbrennen: Ruhezeit des Schinkens nach dem Pökeln, 6 bis 12 Tage bei etwa 5 Grad Celsius und geringer Luftfeuchte (weniger als 75 Prozent). Dient dem vollständigen Durchdringen des Fleisches mit Kochsalz und den Pökelzusatzstoffen.

Eichsfelder: Feiner, luftgetrockneter Schinken aus der Gegend zwischen Göttingen und Duderstadt.

Eisbein: Größter Teil des Unterschenkels von der Schweinehinterkeule (mit Knochen).

Emsländer Schinken: Mit Zuckerzusatz gepökelter, luftgetrockneter Schinken.

Federzahl: Verhältnis von Wasser- zu Eiweißgehalt in gekochtem Schinken. Beträgt im allgemeinen etwa 3,5. Federzahlen von mehr als 4,0, wie sie durch Fremdwasserzugabe (Lake) entstehen, sind nicht erlaubt.

Flaschenschinken: Ein Rohschinken, dem man die oberen Schwartenränder flaschenförmig zusammengenäht hat.

Göttinger Bärenschinken: Warmgeräucherte, kantige Streifen aus dem Rinderschwanzstück, mit Speck umwickelt; auch als Nagelholz bezeichnet.

Hamburger Kochschinken: Nach dem Pökeln angeräucherter, dann pochierter Schinken.

Hamburger Rauchfleisch: Kaltgeräucherter Rinderschinken aus der Oberschale, der Blume oder dem Schwanzstück, sehr dunkle Oberfläche, im Schnitt kirschrot.

Hamburger Rohschneideschinken: In Rauch von Heidekraut und Wacholder geräucherter Knochenschinken.
Herzschinken: Rohschinken aus der Oberschale der Schweinekeule, wird zum Räuchern und Trocknen an den äußeren Seiten aufgehängt, so daß sich seine Herzform ausbildet.
Holsteiner Katenschinken: Zarter, milder Knochenschinken, in Buchenholzrauch kaltgeräuchert, aus Keulen von zwei- bis dreijährigen Qualitätssauen.
Hotwe: Chinesisch für luftgetrockneten Rohschinken.
Jambon blanc: → Jambon de Paris.
Jambon cuit: Gekochter Schinken.
Jambon d'Ardèche: Luftgetrockneter Schinken aus den nördlichen Cevennen (Frankreich).
Jambon d'Auvergne: Luftgetrockneter Schinken aus dem Gebirgsmassiv in Zentralfrankreich.
Jambon de Bayonne: Feiner, luftgetrockneter Knochenschinken, ursprünglich aus dem Gebiet um Béarn in den Pyrenäen.
Jambon de Bourgogne: Kochschinken, der in Fleischbrühe mit Rotwein pochiert und anschließend mit Petersiliengelee überzogen wird.
Jambon de Lacaune: Luftgetrockneter Schinken aus den südlichen Cevennen (Frankreich).
Jambon de Paris: Entbeiner, gepökelter, dann pochierter, zarter Hinterschinken, der quaderförmig gepreßt wird.
Jambon de Reims: Wie → Jambon de Paris, aber auch kegelstumpfartig gepreßt.
Jambon de Sault: Luftgetrockneter Hinterschinken aus dem Departement Vaucluse, östlich von Avignon.
Jambon de Savoie: Luftgetrockneter Schinken aus Savoyen (südlich des Genfer Sees).
Jambon de Strasbourg: Knochenschinken, der während der Reifung mit Zwetschgenwasser bestrichen wird.
Jambon des Pyrénées: Luftgetrockneter Schinken aus den französischen Pyrenäen.
Jambon du Béarn: Luftgetrockneter Schinken aus der Pyrenäenstadt Béarn, dem → Jambon de Bayonne sehr ähnlich.
Jambon du Haut-Doubs: Luftgetrockneter Schinken aus dem südlichen Elsaß.
Jambon du Morvan: Luftgetrockneter Schinken aus dem Gebirgsplateau zwischen Dijon und Nevers.
Jambon persillé: In Rot- oder Weißwein pochierter Kochschinken, der mit Petersiliengelee überzogen wird.

Jamón Serrano: Luftgetrockneter Schinken mit Eisbein und Fuß aus Andalusien.

Kaiserfleisch: Von Fett und Sehnen befreiter Kotelettstrang, gepökelt, dann gekocht, auch kaltgeräuchert; meist in Darm eingezogen.

Kappe: Die → Nuß und die → Pape bedeckendes Stück der Keule, wird auch als Schinkenspeck verkauft.

Kernschinken: Rohschinken mit Schwarte aus Ober- und Unterschale, also ohne Eisbein, Nuß und Hüfte, mit dem Röhrenknochen gepökelt, dann entbeint.

Klosterschinken: Entspricht in etwa dem → Rollschinken, wird aber sehr dunkel geräuchert.

Knochenschinken: Länger gereifter Rohschinken mit → Oberschale und Schwarte, jedoch meist ohne → Eisbein. Frühestens nach dem → Durchbrennen von den Knochen befreit, meist jedoch am Ende des Lufttrocknens oder des Räucherns ausgebeint oder auch mit dem Knochen angeboten.

Kraški Pršut: Luftgetrockneter Schinken aus Dalmatien.

La Ghianda: Milder, aromatischer Schinken aus dem Apenningebirge (Italien), mit Gewürzen gepökelt, der ganze Schinken enthält auch das Eisbein.

Lachsschinken: Wird aus dem sehnenfreien und fast fettfrei zugeschnittenen Kotelettstrang hergestellt. Er wird sechs Tage mild gepökelt, gewaschen und getrocknet, dann mit gesalzenem fetten Speck umwikkelt und einige Stunden kaltgeräuchert, bis er eine goldgelbe Farbe angenommen hat.

Luxeuil-Schinken: Luftgetrockneter Schinken aus dem südlichen Elsaß, der nach dem Schlachten in Wein und Weinbrand eingelegt, dann gepökelt und in Nadelholzrauch geräuchert wird.

Mainzer Schinken: Sehr lange naßgepökelter Schinken, der vor dem Kalträuchern in Weintrester mariniert wird.

Mostmöckli: Magerer, luftgetrockneter Schinken aus der Rinderkeule, kaltgeräuchert; Herkunft: Schweiz.

Nagelholz: → Göttinger Bärenschinken.

Neuenahrer Rauchfleisch: In einer Lake aus Salz, Pfeffer und einem Ahrrotwein gepökeltes Stück aus der Rinderkeule, kaltgeräuchert.

Nuß: → Blume.

Nußschinken: Gepökelter und kaltgeräucherter Rohschinken aus der Nuß oder → Blume, dem mittleren, fettarmen, am Knochen anliegenden Teil der Keule. Oft ohne Speck und Schwarte angeboten.

Oberschale: Teil der Schweinehinterkeule an der Innenseite des Knochens.

Pancetta: Luftgetrocknete Schweinsbrust mit dunkelrotem Anschnitt (aus Italien).

Pape: Neben der → Nuß und unter der → Kappe liegendes Stück der Hinterkeule. Als Schinken zart mit nur schmalem Fettrand. Das Wort stammt von der niederdeutschen Bezeichnung für den Papenschnitt (Pfaffenschnitt).

Papenstück: Zusammen ausgelöste Ober- und Unterschale der Schweinehinterkeule, meist geräuchert, frisch vorzüglich zum Schmoren.

Pariser Lachsschinken: Wird wie → Lachsschinken hergestellt, jedoch nicht geräuchert, sondern nur luftgetrocknet; daher bleibt der Speck schön weiß.

Parmaschinken: Luftgetrockneter Schinken aus der norditalienischen Provinz Parma, mit außergewöhnlichem, süßem Aroma; bis 12 Monate Reifezeit an der Luft.

Pasterma: Luftgetrockneter Rinderschinken aus verschiedenen Rinderteilen, mit einer Paste aus Salz, Knoblauch und Gewürzen eingerieben, aus der Türkei und dem Vorderen Orient.

Pökeln: Fleisch mit Kochsalz sowie auch Gewürzen, Nitrit oder Nitrat einreiben; auch Einlegen in Pökellaken oder Einspritzen von Pökellake.

Poltern: Bei der Herstellung von gekochtem Schinken verliert dieser durch das Garen eine gewisse Menge Saft. Durch mehrmaliges Aufschlagenlassen (»Poltern«) versucht man, dies in rotierenden Trommeln oder anderen Maschinen zu verringern. Bei dieser Fallmassage platzt ein Teil der Muskelfasern, und es kann dabei Salzlake aufgenommen werden. Das Poltern muß im Kühlraum stattfinden. Der Wert dieses Verfahrens ist zumindest umstritten. Immerhin können auch dünne Aufschnittscheiben mit diesem Verfahren saftig gehalten werden.

Prager Schinken: Kochschinken, der nach der milden Pökelung warmgeräuchert und dann pochiert wird; anschließend wird er kurz luftgetrocknet; auch Bezeichnung eines solchen entbeinten Schinkens, der in Brotteig gebacken wird.

Prisuttu: Meist luftgetrockneter Schinken von halbwilden Schweinen aus Korsika.

Prosciutto di Montefeltro: Mit Pfeffer eingeriebener, geräucherter Rohschinken.

Räuchern: Fleisch in Rauch von Nadel- oder Laubholz haltbar machen durch verschiedene Rauchbestandteile bei Temperaturen von 15–18 Grad Celsius (Kalträuchern), von 25–60 Grad Celsius (Warmräuchern) und von 50–90 Grad Celsius (Heißräuchern).

Rehschinken: Geräucherter Schinken aus der Rehkeule. Die ausgebeinte Keule wird trocken gesalzen und bis 20 Tage in der Eigenlake gepökelt, 8 Tage kaltgeräuchert.

Rollschinken: Ein gepökelter, kaltgeräucherter Schinken aus dem Kotelettstrang, der Schulter oder der Keule; er wird entbeint, entschwartet, zusammengerollt und durch Kordel oder ein Netz zusammengehalten.

Rouladenschinken: → Blasenschinken.

Saarbrücker Schinken: Gekochter, entbeinter Schinken, der nach dem Pökeln in Wacholderrauch geräuchert wird; mit typischem Netzmuster auf der Schwarte.

San-Daniele-Schinken: Luftgetrockneter Schinken mit Eisbein und Fuß aus der Gegend von Udine in Friaul, mindestens 9 Monate luftgereift.

San Leo: Luftgetrockneter Schinken mit Eisbein und Fuß aus dem Apenningebirge; 14 bis 16 Monate Lufttrocknung führt zu mildem und aromatischen Geschmack.

Sauerländer Knochenschinken: Trockengepökelter Räucherschinken, der in Felsenkammern reift.

Sauris: Geräucherter Rohschinken aus Friaul (Norditalien), der mit Pfeffer eingerieben wird.

Schinkensolper: Gepökelte, dann gegarte magere Stücke von der Schweineschulter oder -hüfte. Die Bezeichnung »Solper« stammt aus dem Niederrheinischen und bedeutet Salzbrühe.

Schinkenspeck: Flaches, mit Fett durchwachsenes Schinkenstück, aus der Hüfte (Kappe) hergestellt, preiswert, mit schmalem Fettrand, meist geräuchert.

Schwarzwälder Schinken: Gepökelter Rohschinken, der zwei bis drei Wochen in Rauch aus harzreichem Nadelholz und Wacholderbeeren geräuchert wurde, dadurch tiefschwarz an der Oberfläche.

Serra da Padrela: Luftgetrockneter Rohschinken aus Portugal.

Spaltschinken: »Gespaltener« Schinken, d.h. aufgeteilt in Hüfte, Nuß, Unter- und Oberschale, ohne Knochen, aber mit Schwarte und Speck.

Südtiroler Speck: Geräucherter Rohschinken aus der Unterschale und der Nuß der Schweinekeule.

Toskana-Schinken: Luftgetrockneter Schinken mit dem Eisbein.

Umröten: Veränderung der schlachtfrischen, blutroten Fleischfarbe zu der durch das Pökeln und → Durchbrennen entstehenden rosarotbraunen Farbe.

Unterschale: Neben der → Nuß (Blume) liegendes Teil der Schweinekeule.

Veneto-Schinken: Milder, bis 12 Monate luftgetrockneter Schinken mit dem Eisbein aus dem Gebiet Padua bis Vicenza (Italien).

Walliser Trockenfleisch: Luftgetrockneter Schinken aus der Rinderkeule, in Würzlake gepökelt.

Westfälischer Schinken: Geräucherter, aber auch luftgetrockneter Knochenschinken mit nußartigem Geschmack.

Yorker Schinken: Süß gepökelter, später geräucherter und dann gekochter Schinken.

Xerica-Schinken: Gepfefferter, luftgetrockneter Schinken aus Südspanien.

Die ECON Gourmet Bibliothek

Ob über die besten Käsesorten, den feinsten Sekt, die exklusivsten Arten, Hummer zu essen – die ECON Gourmet Bibliothek informiert Sie über die edelsten Produkte aus dem Bereich Essen & Trinken. »Mehr Lebensfreude durch kulinarischen Genuß«, ist das Motto des Herausgebers Hans-Peter Wodarz. Und so richtig genießen kann eben nur der Wissende. In kompakter Form erhalten Sie wichtige Informationen über Kulturgeschichte, Herkunftsländer und Qualitäten. Tips, Adressen, Bewertungsskalen und praktische Empfehlungen helfen allen Genießern und Gourmets weiter.

Jeder Band der ECON Gourmet Bibliothek umfaßt ca. 112 Seiten und ist so sorgfältig ausgestattet wie das Buch, das Sie im Moment in den Händen halten: Ein fester Pappband, farbiges Vorsatzpapier, Kaptalbändchen und viele Farbtafeln machen die ECON Gourmet Bibliothek auch für Bücherfreunde zu einem optischen Genuß. Auf den folgenden Seiten sehen Sie, wie viele Bücher zu Gourmetthemen bereits erschienen sind.

ECON Taschenbuch Verlag
Postfach 30 03 21 · 4000 Düsseldorf 30

Peter C. Hubschmid
Beaujolais, Primeur & Co.

Jürgen Lautwein
Espresso, Mokka, Capuccino & Co.

Karl Rudolf
Grappa, Marc & Co.

Karl Rudolf
Portwein

Heide Hartner
Olivenöl & Oliven

Peter Lempert
Austern

Veronika Müller
Hummer, Krabben, Shrimps & Co.

Ingeborg Kunze-Glupp
Trüffel

Peter Hilgard
Sherry

Friedrich Eberle/Christa Klauke
Chianti

Karl Rudolf
Calvados

Jo Volks
Armagnac

Petra Klein
Essig: Aceto Balsamico & Co.

Rudolf Knoll
Sekt

Ingo H. G. Taubert
Lachs

Jürgen Löbel
Parmaschinken & Co.

Heide Hartner
Roquefort, Stilton & Co.

August F. Winkler
**Mouton-Rothschild, Latour,
Lafite-Rothschild & Co.**